中华文明

商业卷

谭景玉　著

泰山出版社 · 济南 ·

图书在版编目（CIP）数据

小天下·中华文明. 商业卷 / 葛剑雄主编；谭景玉著.
—济南：泰山出版社，2021.8
ISBN 978-7-5519-0550-3

Ⅰ. ① 小… Ⅱ. ① 葛… ②谭… Ⅲ. ① 中华文化—青
少年读物 ② 商业史—中国—青少年读物 Ⅳ. ① K203-49
② F729-49

中国版本图书馆CIP数据核字（2021）第034176号

小天下·中华文明　商业卷

XIAO TIANXIA·ZHONGHUA WENMING　SHANGYE JUAN

策　　划　胡　威
主　　编　葛剑雄
副 主 编　谭好哲
著　　者　谭景玉
责任编辑　王艳艳
装帧设计　路渊源

出版发行　泰山出版社
　　社　　址　济南市泺源大街2号　邮编　250014
　　电　话　综 合 部（0531）82023579　82022566
　　　　　　市场营销部（0531）82025510　82020455
　　网　　址　www.tscbs.com
　　电子信箱　tscbs@sohu.com
印　　刷　山东通达印刷有限公司
成品尺寸　148毫米×210毫米　32开
印　　张　10
字　　数　180千字
版　　次　2021年8月第1版
印　　次　2021年8月第1次印刷
标准书号　ISBN 978-7-5519-0550-3
审 图 号　GS（2021）5056号
定　　价　39.00元

总 序

　　这套丛书命名为《小天下》，自然是出于孟子的话："孔子登东山而小鲁，登泰山而小天下。"孟子的意思很明白，登高才能望远，才能望遍。就是孔子这样的圣人，也必须借助高度，才能超出正常视力的极限。如果只登上高度有限的东山，至多只能看到鲁国的全貌；只有登上当时人心目中的最高峰——泰山，才能阅尽天下。

　　时至今日，我们早已明白，孔子、孟子心目中的最高峰泰山离地球上的最高峰差距甚大，就是能登上珠穆朗玛峰，能看到的也只是地球这个"天下"的极小部分。只有登上宇宙飞船，并且还得借助特殊的工具，从外太空才能看到地球的全貌。但此话的哲理完全正确，古今不易。所以我们编这套丛书的目的就很明确——为我们的读者提供登上东山、泰

山，以至珠穆朗玛峰的阶梯，使他们能不断扩大视野，一步一步"小天下"。

我们主要的读者对象，是高中生、大学生或相应文化程度的青年，也就是说，这套书是适合他们的阶梯。

"书山有路勤为径，学海无涯苦作舟。"韩愈这两句话流传了一千多年，一直是激励青少年刻苦求学的名言。但到了今天，光靠勤和苦已经攀不上书山，渡不过学海了。因为这座书山过于高大，并且每时每刻在增高扩大；这片学海过于浩瀚，并且分分秒秒在拓宽加深。如果一味只讲勤和苦，以一个人有限的时间、精力和生命，也许只是在山麓徘徊，在海滨徜徉。唯有找到了阶梯，又具备攀登的实力；发现了渡船，又有了正确的导航；方能如愿以偿，接近顶峰，靠近彼岸。

人类积聚到今天的全部知识和学科，基本可以分为两类——人文和科学。我们提供的阶梯也就包含这两个部分，有的书侧重于人文，有的书基本内容是科学，有的书两者兼顾。但无论哪一种，都不是哪一门学科知识的简单延伸或扩展，都不是某门课的教学辅导书或什么解题宝典，而是人文与科学的结合。我们的读者，无论他们今后从事何种工作，选择什么专业，发挥哪方面的作用，在社会上处在什么地位，都需要奠定这两方面的基础。就人文而言，重要的是通过哲学、历史、文学、艺术、美学等学科的学习，确立基本的价值观念、审美情趣、生活方式、理想信念，而不仅仅是具体的知识。就科学而言，重要的是通过对自然科学、社会科学主要领域的学习，掌握基本的逻辑推理、归纳综合、分析思维的能力，而不仅仅是具体的概念。

正因为如此，我们的选题并不对应于高中、大学的课程，也不求覆盖全部学科，而是选择了一些关键性、综合性，特别是我们的读者最需要的一些专题，陆续出版。首批的各卷分别是国家、民族、军事、商业、思想、文学、艺术、民俗，后续各卷将分批出版。"小天下"的阶梯将不断升高，不断增宽。

我们的作者都是优秀的学者、教师，尽管他们自己未必已达到一流水平，但要求他们必须应用本专业、本领域的一流成果、权威结论。还要求他们用读者喜爱的表达方式、能明白的语言，像老师与同学们谈心聊天那样来写这套书。我们更希望在这套书问世以后，作者能走进校园，走向社会，与读者们交流，了解他们的需求，听取他们的意见，不断修订完善，使"小天下"的阶梯愈益精良坚实，也使阶梯的使用者持续增多。

葛剑雄

目 录

绪 论

在日常生活中，经常会使用如下意思相同、相近、相通的一些概念：交换、商品交换、商品流通、商业、贸易、交易、生意、买卖、市场等。人们对其中有些概念往往混用，不加区别，如：交换与商品交换、商品交换与商品流通、商业与贸易、贸易与商品交换、贸易与交易等。在实际生活中按照各概念约定俗成的含义，在不同语境下不加区分地使用是可以的，但如果作为严谨的科学研究，一味将其混用就不恰当了，因为这些概念虽然有其相同、相近、相通的地方，却也有不同程度的区别。

在以上概念中，交换是最基本的，其他相关概念均发源于此。交换是人们相互转让活动和劳动产品的过程。它存在于各种不同的社会经济形态之中，既包括商品交换，也包括

非商品性交换。

商品交换指商品（用于交换的劳动产品）的相互转让。在商品经济社会中，商品交换是交换最普遍、最常见、最典型的存在形式，因此人们往往把交换与商品交换等同起来。商品交换是商品经济社会中最基本、涵盖面最广的概念。商品流通、商业、贸易、市场等都是从商品交换概念演变而来的，是它的深化和具体化。

商品流通是以货币为媒介的交换。在日常用语中，人们往往把商品流通等同于商品交换。实际上，商品流通的涵盖面比商品交换要窄一些。商品流通出现后，还衍生出了货币流通、资本流通等概念。

商业是以商人为纽带、以货币为媒介的商品交换或商品流通。日常生活中，人们可以把"商业"等同于商品交换、商品流通，但严格说来，商业只是商品交换或商品流通的一种形态，是其中比较重要的一部分。从字面上讲，商业就是以商为业。它使商品交换和商品流通发生了三个方面的深刻变化：一是出现了专门从事商品交换的商人阶层，商品交换由原来生产者的附属职能变成了商人的专门职能。二是社会经济中出现了专门的经济事业，即商业，也出现了专门的经济部门。三是出现了专门的商业资本。资本的本质是增值，即以营利为目的。所以更确切地说，商业是以商人为纽带、以货币为媒介、以商业资本增值为目的的商品交换或商品流通。

至于贸易，多数情况下可以和商业通用。市场有多重含义，从表现形式看，是商品交换的场所；从实质内容看，是商品交换关系的总和。市场的转化义，特指销路。人们说到某种产品有没有市场，就是指它有没有销路，能不能卖出去。交易、买卖、生意等概念主要是从实际业务操作层面进行的概括，是具体商业业务的日常用语。交易一般是指某种具体的商品交换行为。我们常说今天完成了多少笔交易或做成了几笔"交易"，而不说做成了几笔"交换"。买卖一般说成"做买卖"，是对从事具体商业活动一买一卖的反复操作过程的概括。生意是"做生意"的意思，和"做买卖"相近。①

总之，"商业"是一个历史概念，是社会经济发展到一定水平的产物。我们以上对相关概念的辨析更多的是基于现代商品经济相对发达的实际进行的，对商品经济不够发达的中国传统社会并不一定完全适用。如果我们削足适履，不考虑传统社会经济的实际状况，严格按照上述"商业"的含义来展开论述，恐怕也不合适，所以本书有时会对"商业"采用宽泛一些的理解，将以交换为目的，具有商品生产、商品

① 参见余鑫炎主编《商业经济学》，中国财政经济出版社，2003，第1~7页。

流通和货币流通的经济形态全部包括在内，实际上采用"商品经济"的含义，并将以销售获利为目的的手工业包括在内。

与相对封闭、静止的农业经济不同，商业总是处于瞬息万变之中，是一种以流动性、分化性、竞争性、开放性为特点的经济形式。它可以促进各种社会要素的流动与组合，冲击原有的经济关系和社会关系，向来被视为人类社会发展和变革的重要力量。中华文明的产生与演进都受到商业发展的推动。

从马克思主义经典作家的论述来看，正是商品交换的规律发生作用，才使得人类社会从原始共产主义社会走向了阶级社会，从而迈入了文明时代的门槛。在中国远古时代，正是部族之间日益频繁的商品交换促成了阶级的分化和早期国家的产生，中华文明由此奠基。此后，中华文明的重要转变往往与重大的社会变革同步，都发生在商业繁荣的时期。

中外学界有一种认识，就是中国传统社会在唐中期到北宋这一时期内发生了一次大的转折，或称之为"唐宋变革"。这一时期恰恰是传统商业发展的第二个兴盛期。商业的兴盛给唐宋社会带来了诸多新的气象，构成了唐宋社会变革和文明转变的基本内容。首先，导致了土地所有权转移的加速。土地买卖频繁，财富分化加剧，带动了贫富贵贱社会关系的迅速转换，士、农、工、商的等级界限日渐模糊，以至宋人认为他们当时已"同是一等齐民"。在这种情况下，社会垂直流动加速，更能体现平等性和竞争性的科举制在选官制度中发挥着越来越重要的作用。这是商业兴盛带来的政治文明领域的重大变化。其次，使社会关系中的商品市场因素越来越重要，并带来了经济文明和制度文明的转变。国家赋税征收中，传统的农业税虽仍占有重要地位，但国家采取多种方式向民间购买物资，通过市场弥补传统赋税征收上的缺陷。禁榷制度由原来完全排斥商人的直接专卖制变为吸纳商人参与的间接专卖制。再次，带动了文学艺术和价值观念等精神文明领域的变化。与商品经济的流变性和开放性相适应，文学由原来重视严整形式的诗歌和骈体文转向更重视自由表达的词和散文。传统价值观念强调重义轻利，宋人开始公开肯定"利"的重要性。南宋时在商业发达的浙东地区甚至出现了以陈亮和叶适为代表的功利主义学派。陈亮曾提出农业和商业相互补充的观点，叶适直接从根本上否定重农抑商的思想。这些可视为商业逐利的特性在人们思想观念中的反映。①

中华文明能够长期持续辉煌，其源源不绝的物质基础和动力主要来自发达的农耕经济。人们通常把以农耕经济为主

① 参见林文勋：《唐宋社会变革论纲》，人民出版社，2011，第1—68页。

体的文明形态称作"农业文明"，并不是说这种文明形态中没有工商业，而是说整个文明基础的主导面和支配力量是农业，工商业只能居于从属、附庸地位。我们说工商业居于从属、附庸地位，并不是说其力量长期不变，实际上，工商业在国民经济中的地位是不断提高的，对社会各方面的渗透和影响是不断深入和扩大的；也不是说在农业文明形态下，就产生不了商业文明，中国商业发展历程中同样形成了中国的商业文明，商业文明也是中华文明重要的组成部分。

农业文明、商业文明和游牧文明等，是按文明的特色对它的分类。若按照文明的内容，可将其区分为物质文明、精神文明和制度文明等几个层面。从中华文明发展的历史看，商业对中华文明的这几个层面都有深刻影响和重要贡献。

首先是物质文明层面。

中国手工业贡献了对人类历史进程发生革命性作用的"四大发明"——造纸术、指南针、火药和印刷术。如果说这些发明的商业意义不够明显的话，那么可以把丝织品和瓷器视为传统工商业在物质文明层面最突出的贡献。

中国是世界上最早养蚕和生产丝织品的国家，并且在很长时期内是唯一一个生产丝织品的国家。商周时已有了罗、绫、纨、纱、绉、绮、锦、绣等多种丝织物。秦汉时出现了"齐纨"和"鲁缟"等名冠全国的地方品牌，以轻薄细致著称。汉魏时期的丝织品大多都具有轻盈、薄透、柔美的特点，装饰手法上绘、绣并存，刺绣采用细致而又繁复的锁绣针法。尤其是蜀锦，名冠一时。隋唐时期的丝织品品种繁多，印染技术高，产量大，风格绚丽华美，异域装饰情调的丝绸非常流行，其中以绫和锦最受欢迎。绫是一种轻薄的丝织品。锦是一种厚重的多重丝织物，是丝绸中最鲜艳华美的织品，其中益州锦和扬州锦特别有名。宋代丝织品花色繁多，出现了许多著名品牌，锦以苏州宋锦、南京云锦、织金锦等最为著名；纱比较著名的有相州的暗花牡丹纱、绍兴的轻庸纱、谯郡的绉纱；罗的生产得到飞速发展，婺州的细花罗和润州的大花罗比较有名。

随着原料精选和烧制技术改进，瓷器烧制到唐宋时已达到了很高水平。唐代的白瓷类雪似银，非常精美。杜甫有诗赞其胎薄质坚，釉白声脆，曰：

> 大邑烧瓷轻且坚，扣如哀玉锦城传。
> 君家白碗胜霜雪，急送茅斋也可怜。[1]

宋代各大名窑的瓷器在胎质、釉色、花纹等方面各具

① 仇兆鳌：《杜诗详注》卷九《又于韦处乞大邑瓷碗》，中华书局，1979，第734页。

特色，河北定窑的白瓷胎薄质细，釉色洁白，造型优美，以刻花、划花、印花等加以装饰，艺术水平很高；河南钧窑烧成蓝中带红或带紫的色釉，色泽如玫瑰、梅棠、晚霞，极为艳丽，光彩照人；江西景德镇窑，别开生面烧出釉色明澈温润、白中泛青的影青瓷，誉满全球。清代的粉彩瓷烧成后，颜色深浅不同，浓淡协调，绚丽多姿；珐琅彩瓷用珐琅彩料在瓷器上作画，烧成后画面瑰丽精美，富有立体感，均十分可爱。①

各种精美的丝织品和瓷器既是古代国内市场上的重要商品，更长期是世界贸易中的畅销商品，由此形成了陆上丝绸之路、海上丝绸之路、"陶瓷之路"等不同名目的国际经济交流的重要通道，使中国长期处于世界贸易的中心位置。这些商贸往来的通道还是中外文化交流的通道，推动了中外文明的交流互鉴。

其次是精神文明层面。具体包含两个方面：

一是领先于西方的商业理论创新。20世纪50年代，有西方经济学者曾妄言东方国家的古老文化中，没有任何东西可以与西方中世纪的经院学者在经济分析方面做出的良好开

---

① 参见冯天瑜、何晓明、周积明：《中华文化史》，上海人民出版社，1990，第161-163页。

端相媲美。^①实际上，中国古代在商业理论方面取得了不少远远领先于西方的成就，如：先秦时期的墨家在公元前 3 世纪以前就认识到货币的购买力随物价变动而变动。货币购买力变动的思想在西方被发现是十六七世纪古典经济学出现后的事情。货币购买力概念的明确运用则是 20 世纪初的事。^②司马迁在《史记·货殖列传》中提出的货殖学说与欧洲资本主义初期洛克等的思想有很多相同之处，但时代要早得多。^③宋代出现的关于纸币发行的"称提"论是世界上最早的兑换纸币理论，到现在还是发行兑换纸币必须遵行的原则。

二是对中国人价值观念的冲击。在农业文明中，人们安土重迁，追求在自己的故土从事周而复始的农业生产那种安宁和稳定，满足于自产自销，缺乏对财富的狂热追求精神，更缺乏海洋民族的那种为追求财富勇于拓展的冒险精神。中国传统商业的发展也曾对某些时期和地区民众的价值观念造成很大的冲击，激发起他们的经商逐利精神。宋代出现过"全民皆商"的局面。当时在有关酒、盐、茶、矾、醋、商

---

① 该观点是美国学者H.Taylor在美国经济学会第八届年会上讨论"东方经济思想的应用和方法论"时提出的，详见《美国经济评论》(*The American Economic Review*) 1956年第2期，第414页。

② 参见刘富钊：《中国古代市场经济思想成就考评》，《社会科学家》1999年第5期。

③ 参见巫宝三：《谈谈研究中国早期经济思想的意义、现状和前景》，《经济研究》1982年第8期。

税、津渡等需要特许经营的行业中，出现了类似今天招投标方式竞买经营权的制度。一些民户为确保获胜，往往漫天加价，后来却无法盈利，难以完成课额，终致抵押的田宅被官府没收，全家流离失所。明清时期，浙、闽、粤等地的沿海民众为出海经商，不顾背井离乡、抛妻别子，甘冒波涛之险，冲破严厉海禁，甚至不惜结成武装集团与官府对抗。万历年间，杭州知府就说当地人"身既不死于波涛，心犹不死于行贩"，以至当地流行谚语"贩番之人贩到死方休"[①]。这些都可视为商业改变人们价值观念的具体表现。

再次是制度文明层面。

中国传统商业在发展过程中形成了一套完备、稳定的商业制度，不仅对商业的发展颇有益处，而且有些后来作为本土制度资源推动了近代的商业转型。如传统合伙企业制度中以"朝奉"和"掌柜"等职业经理人为中心的企业治理制度，以"工头制"和"承包制"为中心的企业管理组织制度，以"薪俸""身股""股息""红利"和"报效"等为主要分配形式的剩余分配制度等一系列颇为先进的制度都成为后来中国近代公司制度的源头之一。再如传统商业在发展过程中形成了颇具中国特色的家族经营制，对商业发展产生

---

① 刘一焜：《抚浙疏草》卷二《题覆越贩沈文等招疏》，转引自范金民：《赋税甲天下：明清江南社会经济探析》，生活·读书·新知三联书店，2013，第359页。

了重要影响。即使到了近代，一些从西方引进的商业制度，如基于自由平等理念设计、承载西方契约文化与信用文化的股份公司制及伴随产生的股权融资制度等，也逐渐被烙上了浓厚的家族制度的印记。一些中国人赴海外经商，面对起伏变化不定的市场，往往将国内的家族网络和血缘关系移植到新拓展的经营地，如新加坡开闽王氏总会就是从 1875 年形成的祭祀祖先的"闽王祠"发展而来。还有古代中国的商业会计制度长期领先于世界。唐宋时形成的四柱结算法，建立了"旧管 + 新收 = 开除 + 实在"的"四柱差额平衡公式"，比西方簿记制度中平衡结算法的出现要早得多。明清时期，民间产生的"龙门账"和"四脚账"等利用复式记账原理的记账方式强化了损益计算，保证了账目核算的准确性，对以后的中式会计发展有深远影响。[1]

---

① 参见代婷：《我国古代复式簿记的发展与完善》，《现代商业》2015年第21期。

第一章

中国商业的起源及其发展历程

中国商业起源很早，此后经历了波折起伏的发展历程。传统商业及其文化在发展过程中受中国传统社会多种要素的制约，呈现出鲜明的特点。

一、中国商业的起源

中国商业的起源，从理论上分析，与整个人类社会商业的起源经历了同样的发展历程；从中国文献记载来看，在古时传说时代已有了关于商业、商品交换和市场的丰富传说；从名称源起来看，与中国历史上的商朝或商族有密切关系。

（一）经典作家关于商业起源的论述

关于人类社会商业的起源，马克思主义经典作家根据人类学家对原始人群的考察和西方古代社会历史的资料做了如

下概括：

商业不是从来就有的，而是一种历史经济现象。人类曾在漫长的一段时间里不存在商业。商业只是在生产力发展到一定水平，随着社会分工和私有制的形成和发展出现的。

社会分工是商品交换产生的基本条件。母系氏族社会后期，因性别和年龄原因出现了纯粹的自然分工，但这种自然分工只是在原始人群内部的分工，不会引起商品交换。此后随着生产力的发展，人类社会出现了三次社会大分工，每次社会大分工都与商品交换的产生与发展有密切关系。私有制的出现是商品交换产生的决定性条件，私人之间的交换发展起来，成为商品交换的唯一形式。私有制的发展使商品交换的范围、内容、频率、规模都得以增加和扩大。

父系氏族社会前期，出现了第一次社会大分工，畜牧业从农业中分离出来，剩余产品增加，经常的交换成为可能，私有制开始形成，牲畜、海贝、粮食等获得了货币的职能。

父系氏族社会后期，出现了第二次社会大分工，手工业从农业中分离出来，成为独立的生产部门，私有制得到了进一步发展。生产部门中出现了以交换为目的的商品生产，使商品交换的范围不断扩大，交换内容日益丰富，交换过程越来越复杂，贵金属开始取代牲畜等实物货币而成为真正意义上的货币。

奴隶社会时代，出现了第三次社会大分工，商业从生产中分离出来，成为独立的生产部门，私有制和阶级分化更加明显，出现了不从事生产而专门从事交换的商人阶层，商品交换走向了专业化和社会化的新阶段。

（二）传说时代关于商业起源的朦胧记忆

中国早期的典籍往往将商业起源追溯到传说中的三皇五帝时代。这些记载虽不能作为信史，但也不全是空穴来风，应将其视作对远古社会的一种朦胧记忆。

中国关于市场和商品交换的最早传说，是《易·系辞下》记载的神农氏"日中为市"说。神农氏时期大致相当于母系氏族的兴盛时期或父系氏族前期。当时可能已经有了最原始的集市，部落或氏族间在那里进行商品交换。市设在各部落或氏族的边界上，距离其住地大约就是徒步半天的路程，因此到中午才能开市。散市后，参加交易者刚好可以有步行半天的时间赶回各自的住地。原始集市的商品交换形式应该是产品与产品之间的直接交换，买与卖紧密结合在一起，还没有货币为媒介。

《世本·作篇》是记载古代创造发明的专篇，其中有"祝融作市"之说。据传，祝融与炎帝同时，主要活动在长江流域。"祝融作市"的传说或可说明在原始社会末期的祝融时代，长江中游和两湖一带已出现了原始的商品交换和市场。

黄帝是中华民族的人文始祖之一。中国人至今自称"炎黄子孙"，认为自己是炎帝和黄帝的后代。《易·系辞下》中有黄帝时代"服牛乘马，引重致远"的记载。传说黄帝发明了舟、车，定度量衡之制，使远距离交易成为可能，为交换公平合理进行提供了保证。前述记载可能是地区之间商品交换的写照。

尧时代已处于原始社会末期，私有财产已很普遍，阶级分化日渐明显，社会分工进一步发展，商品交换也逐步发达起来。《淮南子·齐俗训》追述那时的情况说："尧治理天下，让住在水边的人以捕鱼为生，居于山上的人以采木为生，活动在山谷的人以放牧为生，生活在平原的人以农耕为生……民众可以用自己有的物品去交换自己没有的物品。"这实际上是讲因自然条件差异引起的社会分工和生产专业化对商品交换所起的促进作用。

舜是传说中与商品交换和商业关系非常密切的人物。舜时代商品交换规模进一步扩大，地区之间的贩运贸易活动很活跃。《尚书·大传》记载舜本人就在顿丘与传虚两地之间进行陶器与食盐的买卖活动，同时也买卖农渔产品和其他手工业制品。①

---

① 参见余鑫炎：《简明中国商业史》，中国人民大学出版社，2009，第10-14页。

（三）"殷人重贾"与"商业"和"商人"的得名

从文字训诂看，"商"字与交易本来没有什么关系，那么古人为什么把第三次社会大分工后独立出来的从事交换的生产部门称为"商业"，把从事交换的人称为"商人"，而不是叫其他什么名字呢？这与中国历史上的商朝和商族人有密切关系。

商族历来有经商的传统。传说在夏朝时，其部族首领王亥就经常从居住的漳水流域赶着牛、羊等与其他部落进行贸易。夏桀在位时，生活骄奢淫逸，有女乐三万人，均着华美服饰。商朝的建立者汤便令属地女子赶制此类服饰，用来大量换取夏人的粮食，以此削弱夏的实力。

商朝建立后，生产力比夏朝时有了较大提高，交换有了更大发展，人们已把海贝当货币使用。甲骨文中，"买"字已用来表示贸易交换。当时出现了各种私营商贩。姜太公遇到周文王前，曾在朝歌和孟津的市肆内做过贩卖、屠宰、卖酒饭的营生。

商朝灭亡后，商族遗民被迫迁到洛阳的东郊等地，受到严格监管。有些商朝贵族和平民虽有自由民的身份，但境况大不如前，甚至无法养家糊口。为贴补家用，他们只好听从周公"肇牵车牛远服贾"的告诫，发挥本族特长从事贸易。在"殷人重贾"风气的熏染下，出门跑买卖、贩运各地物

产就成了商遗民的主要职业,从事这一行业的也以商遗民为多。商朝繁盛时,商族的一些人贸易于四方,常到毗邻的周族居住区做买卖。在周人心目中,做买卖的人就是商族人。商亡后,做买卖的商族人更多了,进一步加深了买卖人就是商人的印象。后来买卖人虽不再以商族人为主体,但周人仍把"商人"作为买卖人的通称,把交易这种行为视作商族人的职业,称之为"商业"。①

二、中国商业波折起伏的发展历程

中国商业的发展多有起伏波折,曾出现过三个比较兴盛的时期。鸦片战争后,受西方经济势力入侵的影响,中国传统商业开始了艰难的近代转型。

(一)战国到西汉时商业的发展

从原始交换产生,历经商、周、春秋时期的发展,商业到战国时突破了"工商食官"的限制,私营工商业迅速兴起,从而进入了第一个兴盛期,并一直延续至西汉时期。传统商业在这一阶段已达到了很高的水平,具体表现在:

首先是商品流通的发展。《史记·货殖列传》中详细记载了当时人们喜好的各地特产,如:关中地区盛产木材、

① 参见吴慧主编《中国商业通史》第一卷,中国财政经济出版社,2004,第57-58页。

竹子、树皮可造纸的榖木、纑布、玉石，关东地区盛产鱼、盐、漆、丝，江南出产楠木、姜、桂、金、锡、铝、丹砂、犀角、玳瑁、珍珠、齿革及象牙，龙门、碣石以北多产马、牛、羊、毡裘、筋角，许多地区的山里都产铜、铁。这些特产当时已被长途贩运至各地，成为人们吃饭穿衣、养生送死的日用品。贩运业的服务对象不再局限于富有阶层，而是深入到了普通民众的生产和生活日用之中。西汉建立后，国家统一，交通往来的限制取消，商业流通更加兴盛，"富商大贾周流天下，交易之物莫不通，得其所欲"。

其次是涌现了一批卓有成就的大商人。春秋时期著名的大商人有犒师退敌的郑国商人弦高、善于把握市场行情而家累千金的子贡和十九年之中三致千金的范蠡等；战国时期著名的大商人有善于把握商机、坚持薄利多销、形成自己的一套经营理论的白圭，垄断洛阳重要工商业、可自行铸钱、家累千金的吕不韦，垄断丹砂开采生意而名显天下的巴

明人绘范蠡像

寡妇清等。这些商人在商业实践中总结出的经营策略被后世历代商人奉为圭臬，其中一些人还成为后世商人的典范，"陶朱事业，端木生涯"就是最好的说明。

再次是出现了一批繁华的城市。战国中期，齐都临淄大小城总周长达21公里，户数达7万，城内有各种作坊。齐宣王时，苏秦这样描述临淄的繁华："街道上热闹非常，车与车相互碰撞，人与人摩肩接踵，张开衣襟可成为围帐，举起袖子可遮蔽太阳，挥汗落地就如下过大雨一样，家家殷实富足，人人趾高气扬。"其中尽管有纵横家的夸张之处，但不是完全虚构。赵国都城邯郸、韩国都城宜阳、魏国都城大梁、秦国都咸阳、东周都城洛阳及号称居于天下之中的商业城市定陶都是商业发达的城市。到西汉时，京都长安规模宏大，人口众多，贵族官僚及富商聚集于此，城内东、西两市货物山积，应有尽有，是沟通全国市场的中心城市。其他还有洛阳、邯郸、临淄、宛、成都等五个繁华的都会，是地区性的中心城市。

最后是对外贸易的发展。从张骞出使西域后，汉朝同西域的贸易随即发展起来，规模也相当可观。由于路途遥远，双方的贸易多以轻便或价值昂贵的物品为主，如丝绸和金银，由此形成了东西方交往的"丝绸之路"。东汉时，随着匈奴在西域威胁的消除，东汉王朝与西域的贸易范围有所扩大。据《汉书·地理志》记载，汉代商人的海上贸易已包括了全部南海诸国和整个印度洋地区。汉代商人以黄金、绢缯等换取明珠、璧、琉璃、奇石、异物等奢侈品。

东汉时，随着"豪人货殖"即贵族、官僚和大地主经商之风的盛行，市场秩序遭到各种特权的扰乱和破坏，职业商人在"豪人"的挤压下开始衰微；市场上商品构成中奢侈品的比重增加，民生用品的比重降低；货币流通能力开始下降，商业总体上呈现由盛转衰的局面。

继之而来的魏晋南北朝是中国历史上又一个社会大动荡的时期，无休止的战争一次又一次地对经济造成严重破坏，使商业陷入了严重萎缩的局面，最突出的表现就是流通手段的倒退，金属货币的流通数量大为缩减，甚至一度从市场上消失；实物货币盛行，并在相当长的一段时间内取代了金属货币，成为货币流通的主体。

（二）中唐至宋代商业的复兴

隋唐时期的统一为商业发展提供了良好的条件，从唐中期开始，传统商业重新复兴，到宋代迎来了其第二个兴盛期。这一时期商业复兴的表现主要有：

第一，商品市场的成长。首先是城市市场的扩大。北宋汴京和南宋临安都是人口过百万的大都市，工商业在其中的地位越来越重要。《清明上河图》形象地反映了开封都市商

北宋张择端绘《清明上河图》中的北宋东京街景（局部）

业繁华的景象。《东京梦华录》《西湖老人繁胜录》《梦粱录》
《武林旧事》等书详细描绘了城中酒楼瓦肆、邸店商行、作
坊夜市、肉店米铺、诸行交易等的繁荣景象。除两座大都市
外，还有大量商业城镇，宋神宗熙宁十年（1077 年）以前，
年商税额在万贯以上者已达 146 处。其次是商业空间和时间
限制的突破。中唐以后，坊市制转化为街市制，临街店铺大
量出现，草市镇和各级城市日益繁荣，再加上夜市出现，都
表明了商业空间和时间的重大突破。再次是区域市场的形成。
宋代已形成了以汴京为中心的北方市场，以东南六路为主、
苏杭为中心的东南市场，以成都府、梓州、兴元府为中心的

四川市场，以永兴军、太原和秦州为中心的西北市场。① 与周边民族政权辽、西夏、金等的榷场贸易已成为区域市场的重要内容。

第二，市场商品构成的变化与市场流通量的增加。宋代商品在品种上更加丰富，在数量上明显提高。市场上的主要商品如时人邓绾所言"商贾通殖货财，交易有无，不过服食、器用、米粟、丝麻、布帛之类"②，即从原来以奢侈品为主转变为以铁器、食盐、茶叶、丝麻、布匹、粮食、日用百货等生产资料、生活资料为主。商品构成的这一变化反映了商业发展水平的提高。有学者据宋神宗熙宁十年（1077年）的商税额推算出商品流转总额，进一步估算出人均商品购买支出近白银2两，认为这个在当时已相当可观的数目充分反映了市场流通量的增加。③

第三，商业交易方式的进步。首先是商业信用的发展。唐代的借贷和赊卖已很频繁，到宋代有了进一步发展，尤其是赊买赊卖已经遍及各种商品和各阶层，信用保证方式也多种多样。其次是流通手段的进步。唐代出现了飞钱、便换，就是商人把款项交给甲地的某一机构或商家，然后持相关凭

① 参见漆侠：《宋代经济史》下册，上海人民出版社，1987，第940-946页。
② 脱脱等：《宋史》卷三二九《邓绾传》，中华书局，1985，第10598页。
③ 参见吴慧主编《中国商业通史》第二卷，中国财政经济出版社，2006，第466页。

证到乙地提取款项。古代常用的铜钱比较重，几十或几百贯就要车载船运。飞钱的出现解决了携带大量现金不便的问题。到宋代演变出了便钱、交子、钱引、见钱公据、关子和会子等信用票据或信用货币，方便了商人的经营活动，有助于长途贩运业的发展。

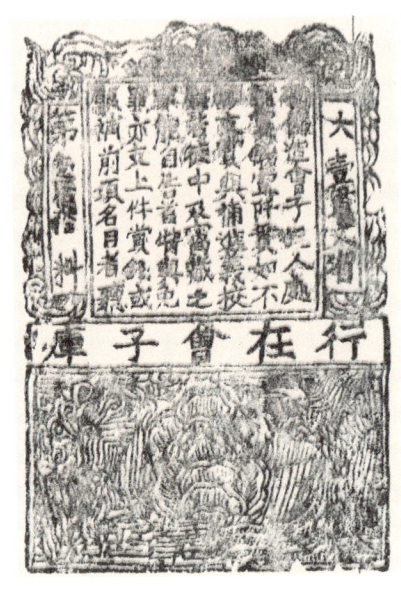

南宋行在会子库版印样

第四，商人队伍不断壮大，实力不断增强。宋代社会各阶层人士都纷纷投入经商大潮，使商人队伍空前壮大。除专门的商人外，各级官僚机构、皇室贵族、各级官员、军队将领和士兵、地主、手工业者和农民等都从事商业经营。商业行会的增加反映了商人的组织性不断增强。商人资本已相当雄厚，仁宗时的宰相王旦曾说当时汴京资产达百万贯者很多，超过十万贯者比比皆是。南宋临安的珠子市，买卖动辄以万贯计。唐朝曾为供应军需，严刑拷打京城的柜房、质库当事人，掠得 200 万贯钱财；金军攻克汴京后，到质库、交引铺搜刮钱财，一铺动以万两计。商人在社会经济运转中的地位开始受到重视，突出表现就是禁榷制度由完全的官产官运官销向在流通环节引入商人转变。

第五，海外贸易的兴盛。随着经济重心南移，对外贸易的重心完全转移到海上，西北陆上贸易的重要性不断衰减。中国在国际贸易商品结构中的长期优势进一步扩大，中国商人取代了此前波斯、阿拉伯商人的主导地位而成为中外贸易的主导力量。与中国有贸易往来的国家或地区有60多个，甚至已远达东非沿岸，即使到了明代也未超出这一范围。设立了专门管理海上贸易的机构市舶司，制定了中国史上第一部市舶管理条例，使海外贸易成了有比较完善的管理制度的独立行业。

需要指出的是，10世纪到13世纪商业的兴盛仅限于两宋统治区域，辽、金、西夏控制的广大北方地区的商业严重衰退。

（三）明中后期到清代商业的繁盛

经历了元代及明前期的恢复以后，从明中后期到清前期，传统商业进入了第三个兴盛时期。具体表现在：

第一，商品流通量增长与国内统一市场形成。大宗商品远距离贸易有很大发展，商品流通量有了突飞猛进的增长。粮食和棉布到清代前期成为流通额最大的两类商品，而且粮食和棉布之间的直接或间接交换构成了市场交易行为的主要

内容。鸦片战争前粮食约占国内商品流通额的 39.71%，棉布约占 27.04%，两者已占商品流通总额的 2/3。清前期每年进入商品流通领域的粮食运销量达 3000 万石，是明代的 3 倍；进入长途贩运的棉布数量达 4500 万匹，比明代增加 1.5 倍。[1]随着交通条件的改善，长途贸易发展明显。鸦片战争前，长途贸易量已占到了国内贸易总量的 30%。各区域间的商业联系越来越密切，商品、劳动力、资金和信息的自由流通在 16 世纪到 19 世纪中叶有重大进展，显示了一个整合的全国性统一市场的形成。[2]

第二，商业资本空前活跃，并向产业资本转化。明代大商人资本开始兴起，已达银 50 万两、最高百万两计的水平，清代则达百万两、最高以千万两计的水平。从明后期开始，商业资本出现了一种新的动向，投资手工业，或租山开矿，或开设铁冶，或举办染坊等。清代商业资本向生产领域的渗透更加明显，主要有三种形式：一是商人通过控制原料市场和销售市场的方式从产销两端控制生产者；二是直接组织生产或对商品进行简单的再加工，这种情况在制烟、制茶和染布三个行业中尤为突出；三是直接投资工矿业等。在商业资

---

[1] 参见吴承明：《论清代前期我国国内市场》，载《吴承明全集》第三卷，社会科学文献出版社，2018，第366-373页。

[2] 参见李伯重：《中国全国市场的形成》，《清华大学学报》1999年第4期。

026

本向产业资本转化的过程中，多采用雇佣劳动的方式，由此产生了不同于传统商业的新的生产关系的因素。

第三，商帮的出现和发展。商人队伍进一步壮大，地位有所提高，尤其是在一些经商之风兴盛的地区，雍正帝都说自己知道山西人"重利之念，甚于重名，子弟俊秀者，多入贸易一途"[1] 的风气。商人的组织性有很大提高，其以地缘和血缘为认同基础，以亲情和乡谊为情感纽带，以"相亲互助"为宗旨，以会馆、公所等为活动场所结成的商业组织——商帮形成并得到发展。全国出现了十余个逐利天下的有特色的地域商帮，其创建的商业网络几乎涵盖了全国各行业。商人会馆和行业公所等发挥着越来越重要的作用，在商业信息流通方面尤其突出。前者作为外来商人在某一经商地为联络乡谊、相互支持而设置的商人组织，有助于商人联络感情、互助互济和增强凝聚力。后者是在经营地由外来工商业者和本地工商业者共同按行业组合而成的工商业组织，在垄断物价、防止竞争、团结同业、协调关系等方面发挥了很大作用。

第四，贵金属白银在流通中的作用日益提高。明初货币是纸币宝钞与铸币铜钱并行，明中叶开始由钱、钞向白银过渡；美洲和日本的白银大量流入中国，为嘉靖以后白银成

---

[1] 中国第一历史档案馆编《雍正朝汉文朱批奏折汇编》第三册，江苏古籍出版社，1989，第25页。

为国家主要货币提供了丰厚资源。货币体制改行银本位，实现了货币体系的历史性转变。较之纸钞和铜钱，白银价值稳定，更便于贮存、携带和交易。钱庄、票号等传统金融机构及经营手段有很大进步，已具有近代金融业的某些因素。

第五，商业经营策略更加成熟，各种商业知识得到了系统总结和传播，各地都出现了一些以商人群体为主要阅读群的商业书，以阐述商业规范、商业伦理、商业经营理念，传授经营技巧，介绍商品知识、行业特点及旅行指南为主要内容。这表明商人阶层对自己职业价值的认识更加自信和坚定。

（四）鸦片战争后商业的新变化

鸦片战争以后，西方经济势力大举侵入中国，对中国原有的经济秩序产生了巨大影响，商业随之发生了深刻变化，开始向近代市场经济转变，并被动地融入了世界市场体系。近代中国商业在国际贸易、投资和货币金融等方面严重受制于人，始终处于国际分工链条的底端和世界市场的边缘位置。欧美发达国家一旦遭遇经济危机，便通过贸易、投资等向中国转嫁危机，使近代中国的商业乃至整个社会经济都随世界资本主义经济的周期性波动而繁荣或萧条。

首先，商贸格局、商业流通内容和规模的变化。近代中国失去了独立自主的商业贸易权，沿海、沿边和内陆地区有

100 多个商埠对外开放，贸易中心由以往以各级官府驻地为主转向以商业口岸为主，口岸通过市场辐射密切了与腹地的联系，进而构建了新的全国商品流通网络。进出口贸易畸形发展，传统农副产品的市场份额被洋纱、洋铁、洋针、洋油等各色洋货（主要是近代工矿业产品）取代；在进出口贸易的推动下，国内市场迅速扩大，形成了推销洋货、汇集出口产品的商业网，国内商品流通受到国际市场行情的制约，商品价格多取决于伦敦或纽约而不以国内的供求关系为转移。1936 年中国全部商埠间的贸易额约 47.3 亿元，比鸦片战争前的长距离贸易额 1.1 亿元增长约 43 倍。[1]

其次，商人群体的变化。近代开埠通商以后，商人群体在构成上发生了明显变化，出现了受雇于外商并协助其在中国进行商业活动的中间人或经理人——买办。19 世纪末到 20 世纪 20 年代，买办人数基本上稳定在万人左右，以至清末有人把买办当成士、农、工、商之外的又一行业。有些买办通过参与洋行的运作学到了新式企业的经营和管理方法，有了一定积累后，便脱离买办职位，独立创办私人企业，成为较早的一批民族资本家；也有一些人去职后，专营钱庄或转向银行，成为近代银行经营者。原来的商人群体组

---

① 参见吴承明：《论我国半殖民地半封建国内市场》，载《吴承明全集》第三卷，社会科学文献出版社，2018，第189-191页。

织会馆、公所等因难以适应商业发展的需要而逐渐式微，不分籍贯和行业、能统辖全体工商界的规模较大的新式工商社团——商会应运而生。1912 年，除蒙古和西藏外，其他各省都设立了数目不等的商会，总数达 998 个；1924 年增加到 1631 个。

再次，经营交易方式的变化。除新式企业公司日益增加外，大型百货公司、交易所和拍卖行纷纷出现。从 1907 年广州出现第一家百货公司后，上海很快就成立了著名的先施公司和永安公司等综合性商业实体；一些城市商业市场也开始采取新型经营方式——新式商场，北京前门大街和大栅栏的商业区于 1903 年成立了东安市场。经营证券和期货的交易所在清末民初出现，到 1921 年 10 月，上海一地开业的交易所就有 140 余家。拍卖行也在洋行的推动下出现。在对外贸易、近代工商业发展及政府公债的影响下，包括钱庄、银行、保险公司、信托公司、证券交易所在内的各种金融机构纷纷设立，金融规模不断扩大，并形成了以上海为金融中心、多

大栅栏旧照

层次的金融市场结构。

需要特别说明的是，在近代中国，外资企业凭借各种特权及资本、经营乃至政治上的优势，极大地挤压了中国民族工商企业的生存和发展空间，以致其不断被挤垮或吞并，但中国人要求独立发展，实现中国的产业化的努力从未停止。如清末状元张謇为创办大生纱厂而全力奔走，有明显的为振兴实业而献身的精神。创办久大、永利盐碱工业系统的范旭东被公认有"一颗炎黄子孙的心"，其公司章程规定"股东以享有中国国籍者为限"，最终打破了国外公司独占中国碱市场的局面。

三、中国商业文明的主要特点

中国商业文明受到传统经济结构、政治体制、地理环境和意识形态等要素的制约，呈现出鲜明的特点：

第一，中国商业文明深受传统农业经济结构的制约，并长期笼罩在"重本抑末"之说等农业文明观念的阴影下。

传统商业的发展水平、规模乃至速度都建立在传统农业为社会提供的剩余产品的绝对量和人均占有剩余产品相对量的基础之上。中国传统经济结构是典型的农业主导型经济，以小农家庭为基本生产单位进行农业和家庭手工业生产。小农生产自主性强，产品在满足家庭生活和完纳租税等的需要

后，还要投入市场销售，借以换取自己无法生产的盐、铁等生产和生活资料。虽然每家每户用于交换的产品比例不高，但因农业人口基数大，投入交换的总量相当可观。这直接造成了传统市场上商品以农副产品为主体和商品流通总量较大的特点。鸦片战争前，国内市场上的商品 80% 以上都是由农民供应的。这是中国商品生产与西欧封建社会晚期商品生产的重要区别之一。①

小农家庭生产规模小，导致了交易的分散和细碎性，由此使乡村集市等各类初级市场从先秦时期就有一定程度的发展。随着农业生产水平的提高，其可以为社会提供更多的剩余产品用于交换，也可保证更多的农业劳动力转向种植经济效益更高的经济作物，从而促进商业交换的活跃。同样由于小农家庭生产规模小，积累少，再生产和扩大再生产的能力十分有限，抵御天灾人祸的能力很差，一旦发生天灾人祸，小农生产的脆弱性和不稳定性就会显现，从而动摇商业发展的根基，使传统商业随中国古代王朝变革等呈现出波折起伏发展的特征。②

以小农家庭生产为特色的农业经济结构尤其适应中国所

---

① 参见朱寰主编《工业文明兴起的新视野：亚欧诸国由中古向近代过渡比较研究》，商务印书馆，2015，第1225页。

② 参见《中国经济史》编写组编《中国经济史》，高等教育出版社，2019，第109-111页。

清末天津杨柳青年画《士农工商》

处的地理环境，由此使得中国社会历来对农业尤其重视。从春秋战国时开始，已有人把农业视为"本"，把商业视为"末"，主张重本抑末。与重本抑末密切相关的是略具社会等级意义的"四民论"，即"士农工商"这一对社会职业群体的划分。秦朝建立后，把重本抑末作为重要国策推向全国，并为后世所继承。不少王朝在开国时都有明令宣示。汉初规定商人不能穿丝绸，不可乘车，并重收其税以困辱之。高后时规定市井之子孙不得仕宦为吏。唐初称商贾为"贱类""杂类"，法律规定商人不得入仕做官，不能与士人比肩而立、同坐而食，商贾必须服皂，且不得乘马。唐太宗贞观元年（627年），诏令五品以上官员不得入市。宋代明文

规定"工商杂类"等九类人不得与士平等交往，不准进入官学。明开国之初，仿汉制颁行贱商法令，农民之家许穿绸纱绢布，商贾之家只许穿布。清雍正时还不断降旨申明"四民论"和重农抑商之策不可变易。[①]

虽历代不断有政治家、思想家、学者认识到商业和商人对社会的重要作用，抑商之策更多的是基于社会稳定和政治统治而制定的，并非真正禁止商业，压抑商人的诸多法令也没有得到真正落实，商人阶层可凭借其强大的经济实力冲破这些抑制与困辱，但在传统社会的话语系统中，一旦涉及商业和商人，许多人还是以本末观念为基础展开论述，使中国商业文明长期笼罩在"抑商"或"抑末"之说的阴影下，不仅阻碍了商业及商业文化的繁荣，也压制了商人群体的壮大及其作用的发挥。这一状况直到近代振兴民族工商业以救国的思潮和实践大兴以后方才有所改变。

在农业文明社会中，商业不仅以农业为基础，而且把农业作为一种风险缓冲和控制的手段——不仅在物质层面，也在伦理观念层面。商人会馆的出现就是例证。受农业文明的乡土情结这一文化诉求的影响，在传统商人眼中，背井离乡、四处漂泊的生活是无奈且值得同情的。无论财富对个人

---

① 参见李达嘉：《从抑商到重商：思想与政策的考察》，《"中研院"近代史研究所集刊》第82期，2013年。

和家族多么重要，最后在精神上都要回归乡土。这些因素交织在一起，构成了会馆发展的文化依凭。至于会馆的功能，首先应当担负起对乡人的精神慰藉，如联络乡谊以解思乡之情、寻求乡土神祇以求庇佑、通过善举以解同乡后顾之忧等，然后才具有合理性和权威性，才能团结商人遵守各种商业规则，进而满足官府的差役赋税等要求。①

第二，中国商业文明的演进受到国家政权的强力干预、调控和影响。

中国传统社会长期实行高度中央集权的君主专制体制，国家政权是主宰和引导社会发展的核心力量。商业文明也不例外，受到国家政权的强力干预和调控，呈现出强烈的政治色彩。

传统商业的发展历程中充满了国家的控制、干预、管理和调节。历代王朝的工商食官制、坊市制、山泽之禁、茶马法、禁榷制度、皇商制、牙行制、货币制度、禁海令、商税制度等都对商业文明产生了巨大影响，原因在于它们多是基于财政和社会稳定的目的制定的，而非为了推动商业的发展。传统商业在两千多年前曾达到过相当的高度，此后不断发展，在商品流通领域出现过诸多商帮，亦有遍及全国的钱庄、票号等金融组织，但其发展始终未能突破传统体制，未

---

① 参见孙睿：《组织、市场与国家：近代天津钱业公会与经济秩序建构》，中国社会科学出版社，2017，第192页。

能发生质的变化，原因可能很多，但国家政策肯定是不容忽视的根本因素。①

在国家政策的管理和约束下，传统商业的发展基本上与历代政府的清明程度成正比，也与社会环境的基本稳定程度成正比。政治清明时，制度性政策得以比较正常的执行，商业及商人可以得到较快的发展；当政府贪酷虐民时，各种非制度性的搜刮层出不穷，商业也会受到一定程度的摧残。同样地，每当社会环境相对稳定时，商业可以得到稳步发展，而当战乱蜂起、王朝更替之时，商业也往往遭遇挫折。在时间延续较长的王朝里，商业一般都经历了王朝前期随着社会经济复苏而复苏、王朝中期随着社会经济发展而发展甚至形成一个高峰、王朝末期因政治腐败导致社会动乱蜂起而遭受严重挫折的由低到高，再由高到低的循环。尽管从长时段来看，这种循环有逐渐从低级向高级进步的趋向，但是这种波浪式的进步，毕竟大大地削弱了商业快速向前发展的势头，从而使得中国历史上的商业出现了几次兴盛期，却始终无法形成直线上升的局面。②

中国商业文明有漫长的"官商"传统。首先是历代政府

① 参见朱荫贵：《研究传统市场 重视国家干预》，《中国经济史研究》1995年第2期。

② 参见陈支平：《中国商人历史研究中的制度与文化：一个新的路径》，《学术月刊》2009年第4期。

直接参与商业经营。官府运用其雄厚资本囤积居奇，从而以绝对优势超越一切民间工商业者；实行禁榷制度，凭借特权牟取重利；广设关卡，重课关税，严格限制私营工商业的发展。其次是每个朝代几乎都有大量官僚以个人身份直接参与工商业经营，凭借特权牟利。"朝廷用汝便是钱"[①]，南宋官员的这句话赤裸裸地道出了有权便有钱的事实。再次是不少朝代都有大量特权商人，如西汉以后的盐商等专卖商和明清两代的皇商等。对特权商人的行为，美国汉学家费正清形象地评论说："中国的传统做法不是造出较好的捕鼠笼来捕捉更多的老鼠，而是向官府谋取捕鼠专利。"[②]可谓一语中的。

由于传统中国历来缺乏保护商人利益和商业运行的法律制度，商人的活动处处受到官府的制约，其敬官畏官、依赖于官的现象非常严重，以至于传统商人将"借着衙门中势力"作为重要的经营策略。商人要创造有利于自己的最佳发展环境，尤其是想避免税吏恶霸的纠缠讹诈，就离不开官府的庇佑，就不得不依附官府，巴结官员，具体方式包括和官员攀亲交友、合伙经商、贿赂或逢迎巴结等。一些商人还通过捐纳得到若干官衔，借以提高自己的地位，既可防止经商

---

① 俞文豹：《吹剑四录》，许沛藻、刘宇整理，收入《全宋笔记》第7编第5册，大象出版社，2015，第189页。

② [美]费正清：《美国与中国》，张理京译，世界知识出版社，2000，第46页。

时遭受欺压，也便利与官员交往。明清时期盛极一时的徽商和晋商在这一方面都很突出。

第三，中国商业文明深受各地自然条件与人文传统的影响，各区域商业发展表现出明显的不平衡和差异性；区域商业文化既有鲜明的地域色彩，也表现出明显的一致性。

中国疆域辽阔，各区域的自然地理条件、资源状况、历史文化传统、风俗习惯等都有所差异，再加上传统社会中交通、通信条件的限制，导致了各区域商业发展水平的不平衡及在商品结构、经营方式、网络格局等方面的明显差异。不平衡的突出表现就是商业重心的转移。与历史上的经济重心南移相适应，商业重心也逐渐南移。这一现象在魏晋南北朝时初现端倪，唐后期加快发展，宋代逐步完成。

各地商人在经营项目、活动范围、经营风格、精神世界和价值理念等方面有自己的特点，从而使中国商业文明具有鲜明的地域色彩。一般认为，广东商人敢于冒险、敢为人先、活泼刚毅、敏于商机、笃于乡谊、看重乡邦精神；山西商人相对谨慎保守、朴实勤俭，但缜密细致，经营方式足可称道；宁波绍兴商人，特别是宁波商人，生活俭约，颇具开拓精神（如经营新式金融业和充当买办）和团结精神，虽然冒险精神不如广东商人，却稳扎稳打；徽州商人平时较为节俭，摆不脱商人通常的刻薄悭啬习性，且与官府的关系最为紧密；陕西商人吃苦耐劳堪称第一；福建商人富于冒险；山东商人勤朴为长；广东商人和洞庭商人热衷洋务，最多买办。①

需要注意的是，中国商业文明虽地域特色鲜明，但一致性同样不容忽视。他们大多从中国传统文化特别是儒家文化中汲取经商营养，立足中国本土和传统，崇奉中国的经商鼻祖和历代著名商人，重视商业经营，经营意识浓厚，商人伦理观念突出。在经商实践中普遍采用家族宗族组合的经营活动方式，通过血缘、地缘甚至业缘有机结合的形式，构筑起庞大复杂的商业网络，诞生了一个个商业家族。长期的经营活动，使各地商帮形成了共同信奉的为商准则和经营理念。他们大多注重职业教育，强调积累从业经验，传授专业知识，无论是行商还是坐贾，在培养学徒中均总结出一系列经验结晶，代代相传。②

第四，中国商业文明深受儒家经济伦理的影响。

"义利之辨"是儒家经济伦理的基本问题。从先秦时期开始，孔子等就提出了"义以生利"和"以义制利"的思

---

① 参见范金民：《明清商人商帮与地方文化》，载陈支平主编《货殖——商业与市场研究》第4辑，黄山书社，2008，第185-191页。

② 参见范金民：《横看成岭侧成峰——明清地域商帮的共性》，载上海社会科学院历史研究所《传统中国研究集刊》编辑委员会编《传统中国研究集刊》第12、13合辑，上海社会科学院出版社，2015，第146-181页。

想，明确表达了道德追求对物质利益的生成与制约作用，成为后世儒家义利观的核心内容。西汉"罢黜百家，独尊儒术"后，儒家思想在两千多年的传统社会中居于主导地位，儒家的义利观也成为人们念念不忘的处世原则。这不可避免地影响到商人的理念和价值，具体表现为：商业经营理念上的"见利思义"，即要求人们在个人利益面前首先要考虑这一利益是否符合社会公众的道德准则，在商业实践领域实际上就是对商业精神价值的体认，是商人要遵循的商业经营理念；商业行为准则上的"取之有义"，即通常所说的"君子爱财，取之有道"，主张人的取利行为应以符合"义"或"道"为标准，要符合商业行为的基本法则和道德规范，要光明正大地赚钱，不发不义之财，这是商业经营行为的准则；商业经营效果上的"先义后利"，要求商人在考虑商业利益时，要有长远目标，以民众利益为上，不能"见利忘义"，只注重眼前利益，目光短浅，甚至为此而走上欺诈和坑蒙拐骗的道路；商业价值评判上的"重义轻利"，使人们往往对那些重义轻利者给予热情的赞颂，对不择手段逐利者给予无情的嘲讽和批评。①

从一定意义上说，"儒商"在传统社会中已成为良商的

---

① 参见吕庆华：《先秦儒家"义利观"及其商业伦理价值》，《东南学术》1999年第3期。

同义语，宋代以后大量士人投身商海更强化了这一认识。明清时期，由于人口迅速增长及教育的普及，儒士数量剧增，但国家提供的科举名额却增加无几，读书人获取功名的难度大大提高，迫使大量儒士弃儒经商。儒士成为当时商人的重要来源。这些出身儒士的商人在经营中处处以儒家伦理来规范自己的行为，力求做到贾服儒行，将儒道与贾道相结合。这不仅有助于商业经营策略的发展，也有助于商人文化的进步，如儒士出身的商人在经营中大多能妥善处理义和利的关系，坚守诚信不欺和公平交易等。直到今天，成为"儒商"仍是许多企业家孜孜不倦的追求。

第二章

商人群体的变迁

    商人就是从事商品买卖的人。随着商品经济水平的提高，商人内部的分工越来越细，分类越来越复杂，其中行商、坐贾、牙商等按经营方式的分类使用频率最高。这几类商人在社会经济运行中的作用也最重要。由于区域商品经济发展的不平衡，不同地域的商人在发展水平上差异明显，并因所在地域的自然环境、历史文化传统等的差异而在经营上形成了鲜明的地域特色，均为中国商业文明的发展贡献了自己的力量，并使中国商业文明呈现出丰富多彩的面貌。随着商人群体的壮大和力量的增强，商人组织不断发展，从传统的行会、商帮到近代的商会经历了千余年的时间，并在商业贸易中发挥着日益重要的作用。

一、纷繁复杂的商人类别

传统社会中对商人有多种多样的称谓。它们或蕴含着对商人这一职业的态度、认识和期待，或表达了对商人某一特征的概括。良贾、诚贾、廉贾等褒称蕴含着对商人在经营中坚守商业伦理的期待和赞许，奸商、贪贾、贾竖、市侩、市井之徒、末民等贬称则意味着对不遵守商业伦理者的指斥和蔑视。称具有垄断特权的牙商为"榷会"，称经纪人为"度市"，称行商为"估客"，称酒店、茶坊中的侍应者为"酒博士"或"茶博士"，称徽州商人为"朝奉"，称沿街叫卖者为"循箫"，体现了文人雅士对各色商人的尊重；称买卖房屋的中间人为"摇头"，称经纪人为"掮客"，称富商为"大腹贾"，称土地买卖者为"地鳖子"，称卖假货者为"白日贼"，称在店铺中为顾客跑腿服务者为"闲汉"或"闲人"，多少都带有贬抑的色彩。至于贩夫、商旅、商贩、摊贩、小贩、豪商、豪贾、富商大贾、货郎、店小二、店家等称谓，则是人们对各类商人的俗称；胡商、蕃商、洋商、舶商、海商等，是因其从事中外贸易而产生的名称；盐户、灶户、畦户、亭户、纲商、引商、边商、内商、水商、场商、窝商等，都是因不同时期的盐法产生的对盐业从业者的称呼；牙婆、女侩、牙嫂、卖婆、贩妇等，则是因从业者性别

而产生的称呼。

对传统商人的称谓之所以纷繁复杂，很大程度上是因为人们按不同标准对商人进行类别划分造成的。常见的分类有如下几种：

第一，以经营活动的方式为标准，可分为行商和坐贾。古代习惯"商贾"并称，"行曰商，坐曰贾"，商、贾、商贾就成了称呼商人时使用频率最高的词汇。随着商业的发展，又出现了包买商和牙商等。同样由于商业的进步，这几类商人的界限逐渐呈现出模糊的趋势。

第二，以经营商品的类别为标准，可划分出各种行业的商人，如粮商、盐商、木材商、茶商、珠宝商、药材商等。唐代以前，市场的管理办法之一是把同一类商品的贩卖者集中在市内的同一行列，不同行列的摊位贩卖不同货品，"行"逐渐成为商品分类的名词。同业排在同一行列，故称"同行"。隋洛阳丰都市内共设 120 行，表示有 120 个行业的商人，售卖 120 种不同的商品。商人的行业随着商品经济的发展而不断增加，唐代长安东市有 220 行，就是说有 220 个商品门类，220 种行业的商人。坊市制瓦解以后，"行"演变为同业商人的组织，南宋时的杭州有 414 行；明清时期的行业更多，已难以统计。

第三，以活动区域为标准，可分为对外贸易商和国内贸

易商，或可划分为海商和内陆商人。一般来说，海商绝大多数系对外贸易商，但内陆商人则对外贸易商和国内贸易商兼有。

第四，以商业经营者的身份为标准，可分为官商、儒商、军队商人和专职商人等。一般说的官商是指官僚贵族经商。另以商人与政治权力的关系为标准，也可划分出官商和普通商人。这种官商指利用政治特权在流通领域里牟取暴利者，既包括经商牟利的官僚贵族，也包括政府部门直接经商者。盐商、茶商等经营禁榷商品的特权商人也勉强可视为官商，只不过其特权和地位不是十分稳固。儒商是指受以儒学为代表的中国传统文化影响，在经营理念和行为方式上能遵守儒家伦理规范并体现儒家文化特色的商人。虽然先秦时就有孔子弟子子贡那样深受儒家文化影响的商人，但从历史上看，儒商更多的还是指明清时期的那些弃儒就贾者。

第五，以资本和经营规模为标准，可分为上贾（巨商或富商大贾）、中贾和小贾。这三类商人在财富上没有严格、明确的界限，且随着经营状况的变化而不断转化。

第六，以经营者的多重身份为标准，可划分为商人兼地主、商人兼官僚、商人兼高利贷者，或三种身份兼具者。商人兼营高利贷，有两种经营方式：一是经营典当业。典当的名称历代不同，有质库、质肆、解库、长生库等。典商收取借款人的实物，按估值给钱并发给当票。当票上写明当铺字号、地址，所当物品名称、件数，所当钱数，赎取期限，利率以及当票字号等。抵押期限一般是两年。过期不赎，典当即没收其抵押品。二是央中借贷。商人发放高利贷时，不收取实物抵押，但借款人必须要有中人作保并写立契约。[①]

在以上几类划分方式中，最常见的是按经营活动方式划分出的行商、坐贾、包买商和牙商，对传统社会经济的运行亦最重要。

（一）行商

行商指往来各地间从事贩运贸易的商人。中国疆域辽阔，各地物产千差万别，加上区域经济发展不平衡，导致物价存在较大的地域差异。这是行商贱买贵卖、从事贩运活动的基本前提。

商代以前，长途贩运已有发展。春秋战国时期，出现了不少奔走于诸侯国之间的大贩运商，如郑国人弦高、卫国人子贡及楚国人范蠡等。他们使用车船，多贩运珠宝等奢侈品，持有政府颁发的凭证——"节"通过关卡，奔走四方。

秦汉时期的大一统为行商贩运提供了良好的条件。西汉前期，借助于秦朝兴建的水陆交通之便，又乘国家开放关卡和放任民众自由经营山川林泽的时机，行商迅速发展起来。

---

① 参见唐力行：《商人与中国近世社会》（修订本），商务印书馆，2006，第15-19页。

他们携带大量货物，周流天下，无所不至。关中、三河、燕赵、齐鲁、江南等地都涌现出不少从事贩运贸易的商贾。行商的经营活动虽因汉武帝征收车船税的政策略受打击，但西汉后期又迅速恢复。东汉时，不少人为了养家糊口而从事贩运，行商更加普遍。

魏晋南北朝时期，由于众多具有强大实力的官僚贵族投身贩运业，使行商在商品经济总体衰退的局面下呈现出畸形发展的局面。

唐代贩运贸易出现了全面繁荣的局面，不少行商凭借雄厚的资金和长期经营获得的经验和信息，哪里有利可图就到哪里进行贩卖，涌现出了成批专门贩运米、茶、鱼、盐、木材、绢布、陶瓷等的富商大贾。中小商贩更是遍地开花。在贩运的货物中，奢侈品已退居次要地位，满足民众日常生活需求的手工业品和农产品已成为主要部分。

宋元明清时期，商业交通不断进步，行商获得了更大的发展，具体表现在：第一，突破了秦汉时期"千里不贩籴"的经营法则，粮食成为长途贩运中的大宗商品。清前期商品粮已达245亿斤，进入长途贩运的达45亿斤，是明代的3倍。①第二，更深入地与禁榷制度相结合，由此成为特权

① 参见吴承明：《论清代前期我国国内市场》，载《吴承明全集》第三卷，社会科学文献出版社，2018，第369页。

宋李嵩绘《货郎图》(局部)

商人。宋代以后，禁榷制的主流形式是间接专卖制，商人需要先将粮食运至边境地区，然后持官府所发文券到产地领取盐、茶等，再转运到各地出售。第三，更广泛地适应了民众日常生活的需求。从所贩商品的种类上看，主要是与人们生活有密切关系的粮食、棉花、蚕丝与纺织品、食盐、茶叶之类。宋代以后日渐兴盛的被称为"货郎"的小贩走街串巷，贩卖针头线脑，可充分满足人们生活之需。宋代著名思想家朱熹都关注到了这一变化。他说当时不像古代购物必须到市

上，人们只于门口等待即可，"自有人担来卖"①。

行商尤其是从事长途贩运者要承受种种痛苦和艰辛。他们一向被视为"重利轻别离"的典型，要承受与亲人长期别离之苦。他们还时刻面临双重风险：一是巨大的人身危险。受限于不够发达的交通运输条件，水路上船毁人亡的事情时有发生，陆路上则易遭抢劫，终致人财两空。《水浒传》第十一回中朱贵说：

> 山寨里教小弟在此间开酒店为名，专一探听往来客商经过。但有财帛者，便去山寨里报知。但是孤单客人到此，无财帛的放他过去；有财帛的来到这里，轻则蒙汗药麻翻，重则登时结果，将精肉片为靶子，肥肉煎油点灯。

元人武汉臣的杂剧《散家财天赐老生儿》中对长途贩运商人为钱财"万死不一生"的艰辛也有生动描述：

> 钱也，我为你呵，那搭儿里不到，几曾惮半点勤劳。遮莫他虎啸风岸律律的高山直走上三千遍，那龙喷

---

① 黎靖德：《朱子语类》卷八六《周礼·论近世诸儒说》，王星贤点校，中华书局，1986，第2209页。

浪翻滚滚的长江也经过有二百遭。我提起来魄散魂消。

二是市场风险。这对一些中小商人来说尤为严重。《水浒传》中对此有较多反映,第三十五回中记潭州人吕方"因贩生药到山东,消折了本钱,不能够还乡";第四十三回中记沂水人朱贵"在江湖上做客,消折了本钱,就于梁山泊落草"。

行商通过贩运使更多的物品转化为商品,充实了商品市场,加强了各地区之间的物资交流,可更好地满足民众不同层次的生活需要。贩运贸易对商品的批量收购转卖,进一步加强了商品生产者与市场的联系,为手工业品赢得了更加广阔的销路,同时促进了商品性农业的开发。行商周流天下加强了各地之间的经济联系,扩大了商品流通的范围,并且加强了经济生产地域专门化的趋势,为各层次区域市场的形成和发展不断创造条件,直至清代形成了统一的全国性市场。[①]

(二)坐贾

坐贾与行商相对,指开设店铺、在固定地点营业的商人。具体来说,坐贾主要有以下几种类型:

一是有固定营业地点、经营商品买进与卖出的商人。有的专门经营某类商品,也有的以一业为主兼营他业,如布店

---

① 参见冷鹏飞:《中国古代社会商品经济形态研究》,中华书局,2002,第197—215页。

兼营缣帛；或以一业为主而工商不分，如书肆兼及刻板印书；还有从事综合经营的，以小型店铺杂货店最为广泛。杂货店在唐代称"星货铺"。宋代秀州魏塘镇有杂货店，农户携米到店中换取油盐、酱醋、浆粉、麸面、椒姜、药饵之类。该店一天可以得米数十石，满百石后就运到杭州等地卖出，然后买货物运回出售。

二是经营饮食、旅店等服务业的商人。旅店产生较早，《韩非子》中就有"逆旅之父"的记载。这里的"逆旅"就是客店。宋代以后，旅店、客店、旅邸、旅舍、客邸等名称已频频见于文献；酒肆分布更为普遍，甚至一些非常偏僻的小市也有酒肆。

三是经营邸店和塌坊的商人。邸店出现于南北朝，兴盛于唐代，是专供商人存货、交易和居住的地方。塌坊亦称"塌房""塌场"，是宋、明两代城市中租给客商存放货物的地方。清代多称为"栈"或"栈房"。这都是商业的辅助性设施，主人以收取使用费等获利。

四是经营有价证券的商人。宋代禁榷制下，交引、盐钞等有价证券大量出现，在开封、临安、建康、镇江等地及河北、陕西、两淮地区都出现了交引铺。它除买卖交引外，还从事金银、纸币等货币的交易及为商人到榷货务办理相关业务提供担保等。

从坐贾的经营方式看，主要有囤积、接鬻和直销等。不同历史时期，坐贾经营的主要方式也有差异。

秦汉以前，坐贾从事的主要是囤积贸易，就是在同一地点赚取同一商品的时令差价。先秦典籍中经常提到"积著""废居""发贮"等，其中"著""居""贮"皆与"贾"同音近义，说明"贾"的本义指囤积贸易。随着商品经济的发展，逐渐从中分化出一部分商人专门从事接鬻贸易。他们大量廉价收购各地贩运来的货物，然后以高价批发给其他商人或直接零售给消费者，赚取商品中转的差价。"贾"的内涵随着时代的发展增加了新的意义。成书于东汉时的《白虎通·商贾》章云："贾之为言固也。固其有用之物，以待民来，以求其利者也。"此时认为贾是在固定一地经营的基础上，坐待民众前来购物，从事批发或零售贸易者。

西汉初年，长期的战乱使社会经济遭受了严重破坏，人们必需的生产生活物资奇缺。在这种情况下，囤积商贾十分活跃，乘机发国难之财。汉武帝时实行算缗和告缗，对囤积的货物一律估价征税，许多人因货物被没收而破产。囤积贸易遭遇了这次致命的打击后，曾一度低迷不振，但不久就再次盛行起来。东汉时期，豪富之家仍多在都市兼营囤积贸易。

秦汉之际，生产者把自己生产的手工业品或农副产品直接推销给消费者的直销贸易也逐渐兴起。当时许多工商兼

营的大盐铁商都是靠直销贸易致富的，一些食品加工者及车船、木器、漆器、铜器、布、皮革之类的手工艺品制造者也采取直销贸易的形式。

魏晋南北朝时期，囤积贸易比较兴盛，当时甚至还兴起了专门供客商存放、囤积货物的邸舍、邸阁或邸店。直销贸易却因商品生产的衰退而有所退步。

隋唐时期，随着商品生产的发展和商业的繁荣，市场物资供应更加充足，囤积贸易的势头有所减缓，而能够加快商品运转的接蠻贸易日益兴盛。直销贸易在这一时期达到了较高的水平。当时出现了大批工商兼营的富商大贾，其中以盐铁行业最为突出。随着城市、草市的不断扩建及坊市制度被打破，各地市场周围，特别是城市中手工业作坊的生产规模不断扩大，出现了织布坊、织锦坊、织毯坊、染坊、纸坊、冶成坊、制车坊、造船坊、酒坊、糖坊、糕坊、酱坊等。有的作坊也叫"铺"或"作铺"，许多城市的同类作坊还联合形成了彩帛行、屠行、油行、靴行、金银行等手工业行会组织。这些手工业作坊多是前店后厂，产品就近上市，进行直销贸易。

宋代以后，囤积贸易往往只是在发生灾荒等特殊情况下方才有所抬头，而接蠻贸易和直销贸易在前代基础上得到了更大发展。尤其是坊市制转变为街市制后，许多城市和市镇

的街道两旁全部为坐贾开设的各色各样的店铺所占据。

与行商多富商大贾相比，坐贾更多的是中小工商业者，但仍不能忽视其对商业发展的意义。坐贾在固定地点开设杂货店或服务性的店铺，是商品流通中的重要环节，可更好地满足民众日常生活等的需要，且直接促进了城市商业的繁荣。宋代以后，坐贾的实力明显增强。有些城市中，行商的货物不通过当地的坐贾甚至不能出售，坐贾成为本地市场交换的主导力量。总之，随着商品经济的发展和商人资本的膨胀，许多商贾既进行长途贩运，又从事定点销售，行商与坐贾的界限逐渐变得模糊，明清时期甚至出现了从游走客贩到侨寓经商，进而落籍定居的新现象。①

（三）包买商

包买商是在传统社会后期随着商人资本的膨胀及经营活动的不断扩展，逐渐从行商、坐贾中分化出来的。他们或直接深入经济作物区预先定购产品，或事先投资于某种手工业品生产以组织货源，因而能在大批量采购商品时直接影响或渗入商品生产领域，比行商、坐贾的商业活动有很大进步。

宋代是包买商的初兴期。史籍中记载，其活动主要见于

---

① 参见冷鹏飞：《中国古代社会商品经济形态研究》，中华书局，2002，第217-228、380-382页。

江西织布业、两浙丝棉业、广东矿冶业和川峡茶园、福建果园等行业和地方。他们一般拥有比较雄厚的资金，针对某些畅销且利厚的商品，预先向生产者支付"定钱"或预支产品"本钱"，事后方才提货。北宋时，福州荔枝驰名海内外。当荔枝树刚开花时，就有商人与果园主针对整片荔枝林建立合同包买关系，预先付与货款，到秋后直接采摘。四川未榷茶时，商人与茶园户直接交易，在一年前即"放定钱"包买茶叶，茶园户用这笔钱充当生活生产资金，准备粮米，雇募工人，从而使茶叶生产顺利进行。这种包买行为使商人资本大规模提前介入商品生产领域，不仅让商人通过此途径垄断了商品销售，牟取高额利润，而且也刺激了商品生产的发展。当时商人把加工后的荔枝运往各地销售，所到之处，深受欢迎，故商人贩运益广，当地人种植愈多，双方均可获利，推动了商品经济的发展。①

宋代包买商的活动尚处于低级阶段，主要通过预付定金的方式包买产品。这种方式使商人的部分资本进入生产领域招揽货源，改变了仅仅局限于流通领域的传统营销模式。明清时期，包买商的活动进展到由商人发放原料、生产工具并直接组织生产的程度。

---

① 参见郭正忠：《宋代包买商人的考察》，《江淮论坛》1985年第2期。

明代包买商活动更加频繁，其资本进一步渗入乃至支配商品生产领域，以争取货源。在湖州，包买商通过原料控制众多小生产者的生产活动，其先将棉花付与小生产者纺织成纱或布，然后再收购，如此反复进行。松江的暑袜比较有名，暑袜店包买商支配着"合郡男女"，即当地大多数劳动力，先分发给他们原料，让其制成暑袜后交回店中，再领取报酬。不少人以之谋生。苏州的布名重四方，一些布店包买商凭借雄厚的商业资本支配布匹加工作坊——染坊与踹坊，以广开进货渠道，多者甚至能控制数十家布匹加工作坊，表明包买商支配生产的活动日益扩张。

清代包买商更加活跃。一些福建商人深入江西赣州苎麻产区，于二月时出钱预定，到夏季收货以归。吴越商人在福建的荔枝、龙眼产区，春天出资订购，待成熟时再雇工采摘。在广州的棉纺织业中，通常由老板供给纺工棉花二斤，再以实物工资形态从纺工手中收回成品棉纱一斤。乾隆年间，在南京丝织业中，富有资本的绸商开设账房，为小机户提供原料，小机户加工成绸缎后送交账房取酬。账房实际上是组织若干小机户进行商品生产的大包买商。①

包买商的活动或包买制是世界各国经济发展过程中的一

---

① 参见冷鹏飞：《中国古代社会商品经济形态研究》，中华书局，2002，第387-390页。

个普遍现象，通常被认为是从手工业工场走向现代工厂过程中的过渡性生产组织形态。实际上，这种形态因其资本投入小、生产规模灵活、质量控制有保证等优势，一直到清末民初仍在中国的棉纺织业中发挥着重要作用，成为促进农村工业化持续增长的关键性制度因素，表现出极强的生命力和适应性。①

（四）牙商

牙商或称"牙""牙人"和"牙郎"等，是在商品交易中撮合买卖双方成交的中间人，即市场交易的经纪人。其与行商、坐贾的主要区别，就是不直接进行商品买卖，而是专门为买主或卖主服务，以促成交易并抽取佣金。

最早的牙商可能出现于西周，当时叫"质人"。至晚在战国时的牲口交易中出现了叫"驵侩"的牙商。牛、马等牲口的优劣一般人难以识别，相牛、相马等在当时已成为一门专业技术，甚至有一套行业内部的专用话语（即"行话"）。以之为职业者称为"驵"，说合交易者称为"侩"，他们往往充当牲畜买卖的经纪人，故称其为"驵侩"。这也是牙商较早的称呼，后还衍生出"牙侩""驵棍"等带有贬义色彩的称呼。

东晋时的佛经中已有"牙人"之称。《晋令》规定其在

---

① 参见周飞舟：《制度变迁和农村工业化：包买制在清末民初手工业发展中的历史角色》，中国社会科学出版社，2006，第1页。

市场上必须标识职业、姓名，并统一着装，头裹头巾，上插写有姓名的白帖，一只脚着白履，一只脚着黑履。

唐代牙商的活动更加普遍。除市场上的交易有牙人参与外，私下进行的牲口买卖、房屋租赁买卖、土地和奴婢买卖等都有牙商充当中介。边境贸易设有互市牙郎，沟通语言和商品信息。随着牙商队伍的不断扩大，形成了牙行组织。唐中叶以后，牙商几乎介入了商品流通的各个领域，国家由此就通过掌控牙商来控制商品贸易，要求其代官府征收杂税，并规定了其协助逃税等的处罚措施。有些牙商为获取厚利，仍然进行瞒上欺下的违法活动。如茶农企图逃税，往往由牙商牵线，将茶叶大量卖给贩私茶者。有鉴于此，国家一度对牙商的经营范围进行限制。

宋代进一步加强了对牙商的管理。首先审查牙商的任职资格，规定各色牙商必须由三个人作保才能得到官方认可，从事合法的交易中介业务。牙商须随身佩带一块由官府颁发的木牌，木牌上写明牙商应遵守的行为规范：不得将未交税货物交易；买卖者当面自成交易，不得阻碍；不得高抬物价、赊买货物、拖延留滞客旅等。参与交易时，须先出示此牌。宋代还规定从事田产交易的牙商另发文历，随时记录物主典卖田产的日期和成交金额，逐旬上报官府收税。

明清时期，随着商品经济的发展，牙行、牙商的活动

更加频繁。当时除各城镇普遍设有牙行、牙商外，外贸港口亦有牙商汇聚。明代最初由市舶司附设官方牙行，但自明中叶后，私牙商逐渐活跃起来，逐渐控制了对外贸易的中介业务，逐步取代了市舶司机构对海外贸易的经营管理大权。清初，国家废除了市舶司，把对外来商船的交易管理等事务直接委托给牙行。

活跃在国内市场的牙商也经历了类似变化。清代对牙商的管理比较严格，对每个商业区的牙行数有明确限制，只有长期从事商贸中介业务并拥有一定财产的人才能充任牙商。开设牙行必须先领取牙帖，官府对申请人的任职资格及各商业网点所需名额等进行审查，然后由一省的布政使司衙门颁发，禁止州县滥发。牙行须按时交纳牙税，包括领取牙帖的费用和营业税银。

由于牙商从事交换中介活动适应了国家对市场管理的需要，故官府长期利用其来督查商税、平抑物价和监督贸易。于是，牙商凭借其管理市场贸易的职能逐渐演变成半官方性质的商人。这种角色的转换大约从明中叶开始日趋明显。到清代，牙商进一步演化成拥有部分市场管理特权的商贾。

牙商在长期的发展过程中曾对促成商品公平交易、规范市场管理、促进商品流通起过一定的积极作用，但因官府利用其强化市场管理，使其后来演化成凌驾于商人之上的特权

阶层。有些牙商与地方官府、恶霸狼狈为奸，欺行霸市、敲诈勒索，从而成为商品流通过程中的毒瘤。[1]

二、各具特色的地域商人

中国疆域广阔，各地的地理特点、资源状况、风俗习惯、历史文化传统等均有差异。这些差异直接导致了各地商人在经营项目、活动范围、经营风格和价值理念等方面有所不同，从而使中国商人具有鲜明的地域特色。各地商人都为商业文明的演进做出了自己的贡献，并使中国商业文明呈现出丰富多彩的面貌。

从明中叶开始，随着商业经营规模的扩大和地域范围的扩张，从业者数量不断增加，在各地市场上的竞争亦愈来愈激烈。对遍及四方的行商来说，更面临着经营所在地的土著商人的顽强竞争。在这种情况下，商人群体的大团体意识逐渐加强，认同的范围由原来父子、兄弟、姻亲、家族等血缘的界限而逐渐扩及地缘，来自同一地区的商人逐渐联合起来，逐渐形成了商帮。[2] 同一商帮往往在经营品种、所及地域、经营策略等方面表现出明显的一致性。他们甚至能长期

---

① 参见冷鹏飞：《中国古代社会商品经济形态研究》，中华书局，2002，第390-394页。

② 参见唐力行：《商人与中国近世社会（修订本）》，商务印书馆，2006，第34-39页。

操控某一地区的一个行业或若干行业。商帮的出现是地域商人由分散走向联合的重要一步。

明清以后，中国社会出现了众多商帮，除了势力最强的晋商和徽商外，还有粤商、鲁商、闽商、陕商、江右商人、洞庭商人、龙游商人和宁波商人，合称"中国十大商帮"。此外，河南、湖北、湖南商人及安徽的宁国商人、云南的喜洲商人也有一定的影响。下文即对十大商帮所属的地域商人加以介绍。这里之所以没有直接称"商帮"，是因为学界多认为商帮是明中期以后方才形成的地域商人的组织，是地域商人组织中相对紧密的一种形式，一般以会馆的创建为主要标志。我们称"地域商人"，以便从更长时段来考察出自某一地区的商人从初兴到逐渐壮大直至形成商帮的历程。

（一）徽商

徽商指明清时期徽州府所辖歙县、休宁、婺源、祁门、黟县、绩溪等六县的商人。其萌芽于东晋，成长于唐宋，从明中叶兴起后到清道光时的 400 年间，长期占据商界鳌头，是中国历史上最负盛名的商帮之一。清末逐渐衰落，民国时几乎完全退出商业舞台。

徽商兴起的原因是多方面的。首先，徽州山多地少，人口众多，生存压力巨大，游走他乡成为谋生的重要途径。其次，徽州富有木材、茶叶、陶土、墨、砚、漆器等独特而广

受欢迎的可供交换的资源，为徽州人从商提供了便利。最后，徽州境内有新安江等相对便利和发达的水路交通，为人口和货物流动提供了舟楫便利。

南宋初，徽州就出现过号称"十万大公"的大商巨贾。不过，徽商真正崛起是在明中叶。成化年间，借盐法改革的契机，徽商骤然腾飞于中国商界，并持续兴盛400年，具体体现在：第一，活动范围广。明嘉靖、万历年间，民间就流传着"钻天洞庭遍地徽""无徽不成镇"的谚语，事实的确也如此，当时不但南北二京、各省都会以及其他大小城镇都活跃着徽商的身影，就连穷乡僻壤、深山老林、沙漠海岛等人迹罕至之处甚至异域海外也留下了徽商的足迹。第二，经营行业多。只要有利可图，徽商几乎"无货不居"，在盐、粮、布、茶、木、典当等行业中尤为突出。第三，资本雄厚。清高宗乾隆年间，仅徽州盐商的资本总量就已超过财力最强的乾隆四十六年（1781年）的国库存银量。两淮盐商之富，连贵为天子的乾隆帝也为之动容，曾惊叹道："富哉商乎，朕不及也！"

徽商获利主要有四条途径：一是大规模的长途商品贩运。利用长江、运河以及东部沿海水运之便从事商品贩运，徽商在商品产地压价收货，运至销售地点以高价卖出，尽力扩大地区差价，从生产者与消费者手中赚取丰厚的利润。二

是从事囤积居奇。徽商每到一个地方，当粮食、棉花、蚕丝等农产品大批上市之时，便乘机压价收购，疯狂囤积，在市场短缺时再高价抛售，从中获利。三是借助特权垄断贸易。徽商中盐商最富，主要是因为其享有行盐的特权，可坐获高额的垄断利润。四是经营高利贷。徽商中经营典当等高利贷行业者以休宁人最为出名。他们多世代经营，手段十分高明，以各种优惠条件吸引顾客，其他商帮难与之竞争。

　　徽商对中华文明在社会经济和文化事业方面的进步做出了重要贡献，具体表现在：第一，以汪直为代表的徽州海商走私集团仿效西方海商，制造大舰，并武装起来，称雄于东

建于清同治年间的江苏苏州安徽会馆

亚海域，尤其是在日本五岛建立商业殖民地进行海上贸易扩张，掀起了空前的声势浩大的中国海洋贸易的第一波浪潮，谋求超常规地增殖资本。第二，徽商沿着长江中下游和运河水路交通线建立商业网络，并在南京、芜湖、安庆、武汉、扬州、苏

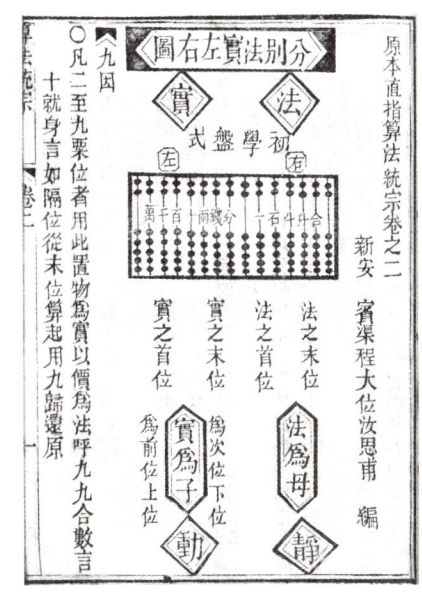

明程大位《直指算法统宗》卷二中的算盘

州、杭州、临清等城市建立据点，有力地推进了当地的商业化和城市化。"无徽不成镇"的谚语就是对此状况的生动描述。第三，"贾而好儒"，投入巨资，推进文化事业发展。在徽商的大力支持下，明清徽州崇儒重道，文风炽盛，书院、社学林立，文化教育得到全面发展。乾嘉时期的 70 余年，同样在两淮经营盐业，徽商子弟有 265 人通过科举入仕，而晋商仅 22 人，差距十分明显。有的徽商甚至在数学史上有一定地位，如明代休宁人程大位早年经商，40 岁以后返乡研究珠算，用 20 年时间写成了一部用珠算盘为计算工具的算书《算法统宗》，确定了算盘的样式，推广了传统的珠算

口诀，通俗实用，深受包括商人在内的社会各界的欢迎，影响很大。第四，以诚信为本，建立起独特的贾道和营运模式。徽商大多能在商业活动中自觉用儒家思想来规范经营活动，行商中讲究义利之道，见利思义，以义取利，重视诚信商德。以儒道经商是徽商商业道德的核心与精髓，这为其在商界赢得了良好信誉。徽商与宗族势力结合紧密，明人汪道昆甚至直接称徽州人以"族为贾"。宗族势力广泛渗透于徽商经营活动的各个方面，使其在激烈的商战中发挥出很强的凝聚力与集团优势。徽商广泛采用的会票制、合股制、伙计制等，均是极为有效且进步的商业组织和经营模式。①

（二）晋商

晋商即山西商人，又称"山右商人"，是明清时期势力最大的商帮，在国际贸易中也是非常重要的商人集团。15 世纪末发迹，16 世纪 70 年代进入鼎盛时期，到 20 世纪 20 年代逐渐衰落，雄踞商界 500 多年。

晋商在明清时期抓住了四次历史机遇，取得长足发展。第一次在明初，当时国家实行食盐开中制度，招募商人将粮食、布匹等军需物资运至边境，给予食盐经销权作为回报。

---

① 参见张海鹏、王廷元主编《徽商研究》，人民出版社，2010，第17-80页；张海鹏、张海瀛主编《中国十大商帮》，黄山书社，1993，第440-504页；叶显恩：《徽商的历史性贡献》，载田澍、王玉祥、杜常顺主编《第十一届明史国际学术讨论会论文集》，天津古籍出版社，2007，第311-315页。

山西商人抓住机遇，集粮、盐、布商于一体，首先占据了北方边境市场。第二次在明中叶，盐课由纳粮开中改为折色纳银后，山西富商徙居淮浙，由边商改为内商，经营项目由粮、盐、布转为多业经营，势力逐步扩展到全国各地，成为当时势力最大的商人集团。第三次在清前期，国家统一，东北、蒙古、新疆皆入版图，边疆开发获得了长足进步，晋商首先利用清朝的满蒙友好政策，积极开展旅蒙贸易。接着又垄断了恰克图的对俄贸易。第四次在清道光以后，国内商品货币经济已较活跃，鉴于货币流通、资金调拨和结算的需要，晋商首创票号业，使自身的发展又进入了一个新阶段。

清代晋商的足迹不仅遍及华北、华中、江南、西南、西北、东北各地，还延伸到俄国、日本、伊朗和东

晋商独慎玉商号俄国莫斯科分号的店面

南亚等地，北京、天津、张家口、武汉、南京、广州、苏州等都是其活动集中之处。在中国北方和西北地区，山西商人尤为活跃。他们不仅在中俄贸易重镇恰克图建立了30

多家著名大商号，还深入到俄国内地，在莫斯科、彼得堡等城市设立分号，从事商业贸易。19世纪以前，平均每年在恰克图外销茶叶4万箱左右，1852年达17.5万箱，俄国人则付出数量大致相等的棉、毛织品和少量的俄国皮革、精制的金属制品以及鸦片，买卖货物的总价值达1500万美元之巨。山西商人在朝鲜半岛和日本也有商业活动。榆次常家从中国输出夏布，从朝鲜半岛输入人参，被称为"人参财主"。介休范家曾拥有六七只大船，从清圣祖康熙三十八年（1699年）到清高宗乾隆四十八年（1783年）的80多年间，几乎年年赴日本采买生铜，一度垄断了对日本生铜进口和百货输出。

晋商经营的领域很广，有"上自绸缎，下至葱蒜"之说，重点是盐、茶、粮、布等与民众日常生活密切相关的行业，对煤、铁的经营也颇具特色。除以上领域外，晋商最大的创举当数票号业。

票号又称票庄或汇兑庄，是一种专门经营汇兑业务的金融机构。票号产生前，商人外出采购和贸易全赖现银支付，在外地赚了钱寄回家乡也要靠专门的镖局把现银运送回去，不仅开支庞大，费时误事，而且经常发生差错。这迫使足迹遍布全国的晋商不得不寻求新的更便捷的货银支付方法。清宣宗道光三年（1823年）前后，山西平遥出现了中国历史上

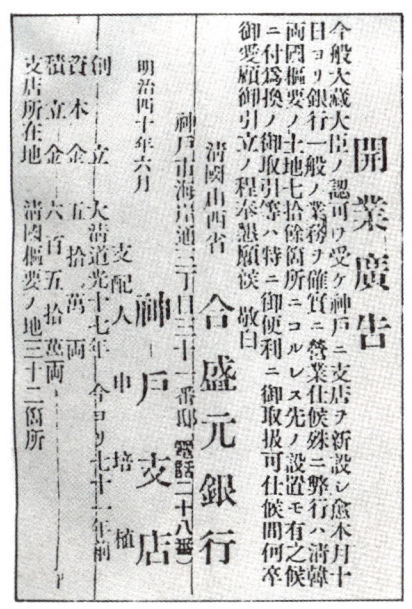

晋商合盛元票号在日本神户《又新日报》刊登的开业广告

第一家票号——日升昌。其后，晋商纷起效尤。道光末年，山西票号已有 11 家，分号遍及北京、长沙、广州等 27 个城市。他们除专门经营汇兑业务外，还兼营存放款业务，并把汇兑、存款和放款结合起来，利用承汇期，占用客户的现金放高利贷，获利丰厚。太平天国起义后，清政府的财政状况愈发艰难，山西票号的主要业务也由办理汇兑、存放款逐渐发展到代替政府汇解军饷及各种款项，收存中央和各省官款，吸收官僚存款和给予借垫款，服务对象自然也由商人扩展到政府。除在国内发展外，山西票号还开展国际业务。清德宗

光绪二十年（1894年），山西祁县合盛元票号在朝鲜新义州设立代办所，开始了国际汇兑业务。12年后，又在日本神户设立了合盛元支行，之后接连在东京、横滨、大阪和朝鲜半岛的仁川建立分庄。平遥的永泰裕票号在印度的加尔各答开设了分号。20世纪初，山西票号已发展到33家，分号400余处，基本上垄断了全国的汇兑业务。

　　晋商在经营中还建立和健全了经理负责制、学徒制、人身顶股制等别具特色且行之有效的经营管理制度。经理负责制规范了财东与经理的权责关系，财东聘任经理全面负责商号的经营管理，平时不再过问商号事务，只是到了账期（三五年不等）听取经理对商号盈亏的报告，并决定对经理是否续聘。学徒制意在培养人才。凡学徒须由亲友介绍、作保并经面试后方可进号，由总号派年资较深者担任教师，从业务知识和职业道德两方面对学徒进行培养。学徒期满，经实际考察后量才能使用。由于学徒制执行很严格，为晋商的发展培育了不少骨干力量。在资本经营中，山西商人采用人身顶股制，即商号店员除每年应得工资外，还据其资历、表现及对商号的贡献顶1～10厘的身股。身股与财东的银股共同参与分红，但顶身股者不承担亏损责任。这样就把店员个人利益与商号和财东的利益紧密联系在一起，劳资关系得以协调。晋商还订立了严格的号规，无论经理、伙计，还是

学徒，均须严格遵守。

到了清末，晋商在洋货和西方新式银行的冲击下节节败退，加上不断的战乱和极为沉重的对清政府的捐输，逐渐衰落下来。虽然辉煌不再，但晋商在明清五百年中取得的成就在中国商业文明史上仍是值得大书特书的，其通过商业经营和金融活动，促进了地区间的联系，扩大了国内外贸易市场，推动和促进了中国社会经济、文化的发展。首先，晋商创立的一些行之有效的经营管理制度是中国商业文明的重要遗产，影响及于今天。其次，促进了城镇的发展。包头最为典型，其原非城镇，是山西祁县乔姓商人先在该地开设复盛公等商号后，才逐渐形成城镇，以至有"先有复盛公，后有包头城"之说。恰克图、库伦（今蒙古国乌兰巴托）、乌里雅苏台、科布多、多伦诺尔、归化（今内蒙古呼和浩特）、张家口、集宁、卜奎（今黑龙江齐齐哈尔）、朝阳等城镇，都是在晋商的推动下兴起的。再次，对中国近代工业的产生起了一定的推动作用。晋商将积累起来的资本投向生产领域，如明代有晋商在贩购松江布的基础上发展到投资开设工场，招募工匠，从事染色加工；清乾隆时有山西商人在新疆开采铅矿，甚至聚千人开金厂；清末晋商还投资铁路建设。最后，促进社会风尚的变化，丰富了三晋文化。雍正帝朱批称："山右大约商贾居首，其次者犹肯力农，再次者谋入营

伍，最下者方令读书。"①山西的建筑、戏曲、饮食发展都受到晋商的深刻影响。②

（三）粤商

粤商即广东商人，长期充当进口商品向内地辐射及国内土特产品向海外输出的中介。粤商作为商帮出现于明嘉靖初年，直到今天仍很活跃，在香港及东南亚等地颇具影响力。

广东地处中国南端，三面临海，水运交通方便，有悠久的海外贸易传统。明朝实行海禁，引起广东商人的极大不满和激烈反抗，纷纷自组武装船队贩运货物，广东海商迅速崛起，粤商作为一个商帮开始形成。清高宗乾隆二十二年（1757年）后，广州成为中国唯一的通商口岸，大批国内外商品源源不断地汇聚于此，广东国内长途贩运批发商人群体开始出现。伴随着粤商活动范围向内地延伸、向海外拓展，广东会馆遍布全国各地及海外多国，既为粤商的行销活动提供了便利，也为粤人外出谋生提供了落脚之处。

粤商的构成比较复杂。就地域来说，主要由广州、潮州两帮和客家商人组成。广州帮主要是珠江三角洲各县的商

① 中国第一历史档案馆编《雍正朝汉文朱批奏折汇编》第3册，江苏古籍出版社，1989，第25页。
② 参见张海鹏、张海瀛主编《中国十大商帮》，黄山书社，1993，第1—48页；牛贯杰：《17-19世纪中国的市场与经济发展》，黄山书社，2008，第221—226页；张正明：《明清晋商及民风》，人民出版社，2003，第16—26页。

人，潮州帮主要是潮州、海阳（今潮安）、澄海、饶平、大埔等地的商人，客家商人主要来自梅县、大埔。粤商不仅有地域上的差别，而且还有阶级、阶层、职业的差异。亦盗亦商、亦官亦商、弃儒而商、弃吏而商、弃农经商、致仕经商者大有其人。粤商的活动范围非常广，除遍及本省各地外，还遍及全国各地；有对外贸易传统的粤商还从东南亚各国逐渐扩张到欧洲、非洲和拉美等地，正如清末广东商界的喉舌《广东七十二行商报》在 1906 年的发刊词中所说："各行省无不有粤商行店，五大洲无不有粤人足迹。"

大概而言，粤商主要由三类商人构成：

一是从事海外贸易的海商。明清史书中所谓的"海寇""海盗"，多为此类商人，其经营方式按资本构成可分为四种：代理型，主要指由豪门巨室私造大船，组织人员出海贸易。租赁型，是由海商租赁船舶，雇佣水手揽载商人出海贸易。独资型，是纯粹以商人身份独立经营海外贸易，收取利润。合资型，是由中小商人或小商贩合资造船出海贸易，此法既可解决航海贸易资金不足的困难，也能适当减少风险。

二是从事中外贸易的行商。行商在明清时期广东的对外贸易中占有重要地位，是粤商中的重要角色。它的前身是明代从事贡舶、市舶贸易的牙行商人。隆庆之后，广东的牙行

商人由纯粹的买卖中介人转变为包销外国进口商品和垄断本国商品出口贸易的商业团体，这就是嘉靖万历年间形成的广东三十六行行商。后来，行商数目几经演变，至清宣宗道光十七年（1837年），行商数目恰好为13家，即怡和、广利、同孚、东兴、天宝、兴泰、中和、顺泰、仁和、同顺、孚泰、东昌、安昌等，俗称"十三行"。行商由身家殷实之人担任，是清政府直接控制下的经营对外贸易的垄断商人，具有官商性质。正是靠着垄断地位，行商攫取了巨额的利润。清宣宗道光十四年（1834年），怡和行商伍秉鉴的商业资本总额已达2600万银圆。当时清政府一年的财政收入不过4000万银圆，其可谓富可敌国。

三是国内长途贩运批发商。国内长途贩运批发是粤商的重要经营方式。他们一般到省外或省内边远地区购物贩运至广州、佛山等中心市场，再批发给零售商人，或通过行商向外商批发。长途贩运批发商大都在广州、佛山等中心市场设置商行开展业务，同时也在全国各省的都会、要津设立商号或会馆进行买卖。明清时期广东长途贩运批发商主要经营米、盐、糖、丝、洋货等，此外也从事果品、铁器等的贩运批发。

粤商长期从事海外贸易及内地贩运业，置身商场，观风察浪，权衡利弊，竞争心强，精于算计，灵巧机智，常被外

清代广州外销画家的画肆

人冠以"精明"二字。粤商的精明是与实用相结合的，其为人处事稳健，不做虚无的幻想，就地取材，兢兢业业，积少成多。粤商的这些品质及广东社会因之形成的重商心态是后来广东经济发展的重要文化因素。①

（四）鲁商

鲁商即山东商人。与其他地域商人群体相比，历史悠久且持续不衰是其极为突出的特征。先秦时期，齐文化的重商传统使鲁商在发展的早期就达到了较高的水平，并长期维持在高水平。明清时期，山东商帮的形成标志着鲁商在中国商贸版图中地位的极大提升。民国时期，山东民族工商企业家

① 参见［英］孔佩特：《广州十三行》，于毅颖译，商务印书馆，2014，第2页。

在实业救国的大潮中创造出了不俗的业绩。直到今天，鲁商也未衰落，依旧在全国有着较高的地位和良好的声誉。可以说，从中国商业文明产生之初直到今天，鲁商是贡献最突出的几个地域商人群体之一。

山东地理环境优渥，有膏壤千里，适宜桑麻；又面临大海，富有鱼盐。这为早期山东人的经商活动提供了源源不断的货品。山东人的商业活动开始得比较早，发展也很迅猛。先秦时期，山东地区的商品经济一直居于全国领先地位。齐国的重商政策极大地推动了齐地商品经济的发展，冠带衣履畅销天下。战国时，齐都临淄已成为著名的工商业大都市，居民达7万户，经营商业、贩运业的有6000户之多。

从魏晋南北朝到宋元时期，鲁商在经历了从低谷中逐渐复兴的波折以后，在明清时期达到了传统鲁商成长的高峰期，突出表现是山东商帮的形成与壮大。山东商帮只是一个笼统的概念，其内部还可细分。以清光绪末年在上海创建山东会馆者为例，按地域划分有周村帮、青岛帮、即墨帮、胶州帮、黄县帮、沙河帮和潍县帮等；按行业划分有关税帮、公估帮、杂货帮、银钱帮、洋货帮、福绸帮、铁货帮、洋杂货帮和丝业帮等。①

---

① 参见《山东会馆创办赞成领袖姓氏》，载彭泽益主编《中国工商行会史料集》下册，中华书局，1995，第887-889页。

在山东商帮内部，胶东地区商人（或称胶东帮）的势力比较大，其中最有名的是黄县帮。据同治《黄县志》卷一，其"远适京师，险泛重洋。奉天、吉林方万里之地，皆有黄民履迹焉"。文登、掖县（今山东莱州）、即墨和胶州等帮的实力也很强。鲁中地区的周村帮和章丘帮也比较有名。鲁西运河地区也有一些著名的商帮，尤以济宁帮最为精明强干，当时晋商"利债滚剥遍天下，济宁独不能容"①。济宁帮已能在当地将执北方商业牛耳的晋商排挤出去。

明清以后，鲁商的足迹逐渐遍布全国，即使在海外其身影也不稀见。凭借勤苦耐劳和团结协作的精神，鲁商不仅在海内外市场站稳了脚跟，还在某些地区或某些行业中取得过主导或支配性的地位。首先是东北。清朝建立后，鲁商去东北贸易者日渐增多。至清末，鲁商在东北各大城市均居主导地位，是东北工商业界的主角。大连华商公议会成立于清德宗光绪二十七年（1901年），1904年时有会员30人，鲁商占16人。1922年前后的哈尔滨总商会则完全被鲁商把持。其次是北京。鲁商兴盛时，在北京的绸缎业和饮食业中拥有极大的势力，可以说其掌控了北京人的衣食等日常生活所需。著名的"八大祥"、便宜坊的老板

① 包世臣：《中衢一勺》卷六《闸河日记》，清同治十一年包诚刻《安吴四种》本，第14页b。

都是山东人。最后是俄国。鲁商在俄国的经营也成就斐然，其"在满洲西伯利亚一带经济上之势力，足以凌驾一切，握商业上之霸权"①。在海参崴，华人商工有 4 万人，其中 3 万人是山东人；在伯力，鲁商开设店铺 31 家，源源不断地将国内出产的茶叶、丝绸、粮食、牛肉、水果等运销到俄国远东地区。

北京便宜坊旧照

　　山东商帮的形成和发展与山东人强烈的乡土意识和团结观念密不可分。换句话说，山东商帮的形成和发展就是山东人乡土意识和团结观念的最好说明。山东商人在外地经商，同乡之间也是互相扶持，互相协助，共克困难。日本学者稻叶君山教授评价在东北经商的山东人时，称其"富于团结力；劳动者相互扶助，商人相互缓急，恰如一大公司，其各商店则似支店，互相补给商品，以资流通。而在金钱上尤能

---

　　① ［日］稻叶君山：《清朝全史》，但焘译，中国社会科学出版社，2008，第 693 页。

融通自在，故虽有起而与之争者，奈山东人制胜之机关备具，终不足以制之也"①。这是山东商人能够立足于商海并获得成功的最关键的因素之一。

（五）闽商

闽商即福建商人。一般提到闽商，往往因福建海外贸易发达而将其与海商联系在一起。实际上，闽商中既有从事出海贸易的海商，又有侧重于内陆贸易的内商，山海兼顾，国内外贸易紧密结合，努力扩大经营范围，才是闽商的特点。

福建海商初兴于唐五代时，宋元时期获得了快速发展，苏轼就称福建路"多以海商为业"②。这些海商浮海载货，北上朝鲜半岛，东赴日本，南入交趾、占城，远航三佛齐等南洋诸国。南洋各国的海商也络绎不绝于东南海航线上，泉州已成为重要的海外贸易港，与50多个国家和地区有商贸往来。

福建海商到明清时期臻于全盛。明朝建立后，实行海禁政策，福建沿海民众只能私下冒险出海，朝廷屡禁不止。恰在此时，国际环境发生了前所未有的变化。15世纪末16世

① [日]稻叶君山：《清朝全史》，但焘译，中国社会科学出版社，2008，第693页。
②《苏轼文集》卷三〇《论高丽进奉状》，孔凡礼点校，中华书局，1986，第847页。

纪初，随着地理大发现，葡萄牙和西班牙人相继东航，逐渐将势力扩张到中国沿海，与中国私人海上贸易的势力发生联系并展开了竞争。这在一定程度上刺激了福建等沿海海商的活动。到成化、弘治年间，福建海商勇敢地冲破禁令，更积极、直接地参加海上贸易，以自由商人的姿态出现在市场上，其中尤以漳州、泉州两府民众最为活跃。正德、嘉靖之际，沿海居民违禁出海贸易已成风气。位于漳州东南 50 里的月港，此时成为走私商贩聚集的重要港口，被称为"小苏杭"，繁盛局面可见一斑。

隆庆年间平定倭寇后，开放月港通商，允许中国商人出境贸易，闽商得到了迅速发展，几乎控制了中国沿海的对外贸易。他们大举出国，成为东南亚、东亚各港口中国商人的唯一代表，在环中国海各个港口都建立了自己的贸易圈，构成了发达的贸易网络，但也受到来自各方面势力的挤压。在这一背景下，福建海商依靠自己的力量武装起来。泉州的郑芝龙集团就是福建沿海实力最强大的武装商业团队，完全垄断了东南沿海各省的海上贸易权。

清圣祖康熙二十三年（1684 年），正式开放海禁。由于国内外形势的巨大变化，清代福建海商已丧失了与南洋各地贸易的主动权，由此开始转向本土，大举北上和南下，扩大经营范围。闽商垄断了台湾与福建的海路贸易，繁盛一时。

广东沿海各港皆为福建移民居住区域，至今以闽南话为主；海南岛的状况也是如此。广州十三行闻名天下，就籍贯而言，大多是闽人。浙江沿海岛屿及港口的居民有 2/3 是闽人。清代上海港的航运业长期由闽人控制。

闽商有其不同于其他地域商人的特点：第一，多阶层的商人组合。地主、士绅、官僚、贫民、凶徒、逃犯都参与商业活动，但由资本雄厚的地主、富豪、官僚、士绅发挥主导作用。第二，亦盗亦商的武装贸易形式。闽商是在与政府海禁政策的对抗中兴起的，因此具有海盗和商人的双重性格。开放海禁时，他们从事商业贸易，是商人的身份；一旦禁海，就转为"寇盗"。第三，内外勾结与山海兼顾。海商在沿海各地广建据点，打探消息，囤积货物，销售商品，内外勾结的情况很是普遍。闽商不仅重视海外市场，开展海外贸易，对国内市场也十分重视，就连西北、西南偏远之地也活跃着闽商的身影。第四，乡族势力与商人集团的结合。闽商集团作为一个整体是由众多小商业集团组成的。这些小商业集团与各自的乡族势力关系密切，其活动在心理与行为上有着鲜明的地域和血缘色彩，有强烈的排他性。①

---

① 参见张海鹏、张海瀛主编《中国十大商帮》，黄山书社，1993，第276-318页；徐晓望：《闽商研究》，中国文史出版社，2014，第256-263页。

（六）陕商

陕商又称"秦商"，即兴起于关中地区的陕西商人。由于陕西与山西相邻，风俗习惯相近，两地商人有联合经营的传统，故陕西商人常与山西商人合称为"西商""山陕商人"或"秦晋大贾"。

陕商历史比较悠久。秦汉时，关中地区已出现不少大商人，资产巨万，如田氏的田啬、田兰及韦家栗氏、安陵和杜县的杜氏等。当时还有一些囤积居奇的商人，如昭帝末年，京兆茂陵地区的富人焦氏、贾氏打探到昭帝病危，便以数千万钱为本，私下里贮积炭、苇草等下葬用的物资，以图暴利。高利贷商人也有很大势力，如景帝时，商人毋盐氏于吴楚"七国之乱"时贷款给从军东征的列侯封君，一年收息就达本金的 10 倍。

在唐代，陕西商人凭借居于帝都长安的有利地位，获得了很大发展，今天知道名姓的就有不少，如唐前期的裴明礼、邹凤炽等，中期的郭行先、杨崇义、任宗、郭万金、任令方、刘逸、李闲、卫旷等，后期的窦义、王布、张高、王酒胡、李泳、王宗等。他们掌握了庞大的财富，富商王元宝的豪富竟引来唐玄宗"朕天下之贵，元宝天下之富"[1]的感

---

① 钱易：《南部新书》，黄寿成点校，中华书局，2002，第125页。

叹。商人王酒胡曾纳钱 30 万贯助修朱雀门。后来，唐僖宗重修安国寺，命能舍钱 1000 贯者撞钟一下。王酒胡适逢喝得半醉，径上钟楼，连撞百下，然后便于西市运钱 10 万贯入寺。

到了明代，陕商与晋商一样，也是抓住政府实行食盐开中、茶马贸易等机遇迅速崛起的。他们通过向边境运送粮食换取食盐销售权，在淮扬一带具有很大势力。明弘治年间盐法改革，允许直接纳银购买盐引，山陕商人失去了对江浙地区盐业的控制权。山陕商帮由此分道扬镳：山西盐商在长芦和河东盐区取得了控制权；陕西盐商在四川地区取得了井盐的控制权，另有一部分商人迁居扬州，继续在两淮盐区行盐，势力仅次于徽商。这种格局一直延续到清朝末年。

与陕西相邻的四川是陕商活动频繁的另一个重要区域。万历时，四川盐商多系陕西人，到明末，仅夔州一地就有陕商数万。四川茶叶多赖陕商倾销，乾隆年间，由陕商运销康藏地区的边茶达 1230 万斤，嘉庆年间增加到 1416.8 万斤。陕商长期控制着四川的金融业，包括银钱汇兑、存款、借贷、典当等。此外，他们还从事川丝、夏布、川藏药材的贩运。

陕商多贩运商，除在扬州和四川有很大势力外，其活动范围西到新疆，西南到云贵，南到广东，北至宁夏、内蒙古，东至沿海各省，最远到辽东，许多重要城镇都有其建立

的会馆。陕商经营商品类别繁多，主要有毛皮、布匹、药材、盐、茶、水烟和各种杂货等。

陕商在明清时期有很强的生命力。首先，极具勇敢冒险精神。为了贸易，他们经常深入甘肃、青海、宁夏、新疆以及四川西部的少数民族居住区。这些边远地区往往人烟稀少，交通不便，盗匪出没，不具备冒险精神，很难适应那种荒凉、艰苦的环境。其次，极具吃苦耐劳精神。他们多是贩卖商，往来于边塞、江淮、川蜀之间，要忍受长途跋涉之苦。陕西的贩马商人多从甘肃、青海等地买下数百匹野马，到河南、山东等地出售，沿途两千余里，日复一日，贩卖商要骑上马，手执长鞭，前后吆喝、照料，其中艰苦可以想见。再次，具有俭朴勤劳精神，往往以此致富。有些富商在商号中，诸事仍亲力亲为，保持着与伙计共同操持的作风。

陕西商人在经营管理方面颇有建树。首先，在商业营销中，多采用连环销售的经营方式。在收购地往往采取设庄收购和委托当地大商店代收的方式，在销售地多用赊购方式。如皮货商在秋季先把皮货赊卖于苏州当地的大商行，到次年春天运草帽来，又赊给商行，只收去年秋天赊出的皮货款，草帽钱等下次运货来时再收取。其次，在资金筹措方面，创造了以"万金账"为主要标志的合伙股份制资金组合方式，即集合众人资财，合伙经营，风险共担，利润共享

的权、责、利分明的资本运作方式。这扩大了陕商的资金来源。再次，创立了严密的货物运输制度。陕商在贩运路线上广设分号。分号不仅承担本地区的商业任务，还要为总号提供本地区的商情、匪情、官情等信息。往来商队都住进自己的分号，不必住歇在车马店，不仅节省了大笔费用，安全性也有保障。

陕商对明清时西部地区的初步开发有巨大推动作用。随着陕商的不断壮大、成功，大量货币资本流回陕西，直接推动了陕西本土商品经济的发展。由于陕西商人在秦巴山区的生产性投资，那里的矿冶、采伐、造纸等行业得以迅速发展，使秦巴山区成为中国较早产生内生性资本主义萌芽的地区之一。[①]

（七）江右商人

江右商人即江西商人。江西之所以称"江右"，是因为古人站在中原向南望去，江东在左，江西在右，故称。

从明初开始，江西人口大量外流，这些外流人口有相当一部分从事工商业。他们或久居一方，或往来于江西与各地之间，形成了人数众多的江右商巨流。明代江右商的兴起，

---

① 参见张海鹏、张海瀛主编《中国十大商帮》，黄山书社，1993，第59-99页；王俊霞、李刚、广红娟：《明清陕西商人"合伙股份制"经营模式初探》，《西北大学学报》2010年第3期。

恰是江西移民运动的产物。这决定了江右商的几个突出特点：人数众多，操业极广，活动地区广泛，资本分散，渗透性极强而竞争力较弱。

江右商的活动地区极为广泛。湖广是其主要活动地区，汉口的盐、典当、米、木材、药材、花布等六大行业中都有江右商号，尤其是药材业，几乎被江右商人垄断，湖广甚至流传着"无江西人不成市场"的民谚。云南、贵州、四川、福建、两广、中原各省以及辽东、西藏等极边之地乃至异域也都有江右商人的身影。

江右商一般以贩卖本地土特产品为起点，因此其经营行业多以粮食、茶、瓷器、纸、布、木材等本地物产为依托。此外，江右商还从事药材、盐、典当、书、杂货等多种行业的经营。整个明清时期，除一些资本较大的商人外，大多数江右商的专业化并不明显。他们挟小本，收微利，走府过州，随收随走，操业甚杂。只要是稍有微利可图之物，皆可成为江右商人经销的商品。

江右商人的成功之道主要有三：其一，重视市场信息，看准行情进行投资；其二，善于揣摩消费者心理，迎合不同顾客的需求；其三，讲究信誉，待人以诚，重视贾德。鸦片战争之后，随着外国资本主义的入侵及民族资本主义的发展，江右商赖以存在的基础逐渐丧失，最终走向衰落。

江右商的兴起对江西经济的发展乃至全国经济格局的塑造产生了重要影响。一方面，人口大量外出经商缓解了人口增加对土地的压力，改善了许多家庭的生活状况，推动了人口流入地的开发，另外也刺激了江西本土的商品生产。另一方面，江西商人资本的回归，又起到以商养农的作用。①

（八）洞庭商人

洞庭商人以江苏苏州西南吴县境内伸入太湖中的洞庭东山和洞庭西山命名，又称"洞庭山帮""山上帮"等，是江苏商人的典型代表，与徽商一起被称为"钻天洞庭遍地徽"。与以一两个省或府并称的地域商人相比，洞庭商人所在的地域最小，实际上仅是太湖中的两个岛，却能与徽商等大商帮抗衡争雄，并驾齐驱，足可显示其非凡与不俗。

洞庭一带素有经商传统。北宋元丰年间，西山人夏元富就行贾于四方，厚积资产。明嘉靖时，归有光说洞庭人热衷于经商，"往往天下所至，多有洞庭人"②。明末冯梦龙称："两山之人善于货殖，八方四路，去为商为贾。所以江湖上

---

① 参见方志远、黄瑞卿：《江右商的社会构成及经营方式：明清江西商人研究之一》，《中国经济史研究》1992年第1期；张海鹏、张海瀛主编《中国十大商帮》，黄山书社，1993，第365—419页。

② 归有光：《震川先生集》卷二一《叶母墓志铭》，周本淳校点，上海古籍出版社，1981，第522页。

有个口号，叫做'钻天洞庭'。"①"钻天"一语，可有几种解说：天下无所不至，指活动范围；捕捉市场行情，及时调整货物种类，就经营内容而言；灵活而多变，善于积聚生财，说的是高超的经商技巧、谋略及管理水平。洞庭商作为商帮在明中后期已初步形成，到清代臻于兴盛。19世纪后半叶，洞庭商人根据国内外政治经济环境的变化，及时调整经营策略，顺利在上海滩实现了近代转型。

洞庭商人的活动主要集中于三个区域：一是运河沿线。在近代铁路交通兴起前，贯通南北的大运河是最重要的运输通道，运河沿线就成为洞庭商人开展商业活动的重要区域，在山东临清尤为突出。二是长江沿线。长江一线是洞庭商人活动最为频繁的地区，尤以荆湘地区为多。三是上海。鸦片战争前，洞庭商人就在上海经商。太平天国起义后，洞庭商人快速渗透到上海的各行各业中，声威大震。

洞庭商人在上海影响力最大。他们在外国人在华开办的银行、洋行中做买办的人数很多，时间较早，尤以东山席氏为代表。自席元乐的儿子开始，在外商银行做买办的，祖孙三代共11人；若算上女婿，则为14人。这14人担任了上海20多家最有影响力的外商银行中13家的买办，席氏

---

① 冯梦龙：《醒世恒言》卷七《钱秀才错占凤凰俦》，顾学颉校注，人民文学出版社，1956，第136页。

家族甚至连续担任汇丰银行买办达 64 年之久。太平天国起义之后，洞庭商人开始经营钱庄，最早的是东山严氏和万氏，继之而起的是东山席氏、王氏和叶氏。由于他们熟悉业务，经营得法，因此在上海钱业各帮的经营过

上海汇丰银行买办席正甫像

程中，只有他们不断持续发展。洞庭商人在近代上海至少设立或投资过 65 家钱庄，足见他们在钱业系统中人数之众多、力量之雄厚。19 世纪末，上海商场上流传着这样一句俗语："徽帮人最狠，见了山上帮，还得忍一忍。"由此亦可见其声势。

为在经营活动中立于不败之地，洞庭商人十分讲究经营策略与销售手段，在更新观念、开拓进取方面尤为突出。洞庭商人准确地把握住时代脉搏，精明地铺设关系网，用新知识装备自己和后代子孙，凭着卓绝的胆识和智慧，开辟了买办、钱庄等金融行业和丝绸、棉纱、洋布等实业，使自己由商贩变成金融家、实业家，实现了近代转型。最著名的当为"绒线大王"沈莱舟。他从经营恒源祥绒线商号起家，1939年集资在上海创设裕民毛绒线厂，出产的"小囡"牌、"双

洋"牌绒线质优价廉，风靡一时。他成为有名的实业家，被公推为上海毛纶业公会理事长。

（九）龙游商人

龙游商人虽以龙游一县之名名之，实则包括浙江衢州府所辖西安、常山、开化、江山、龙游五县的商人，其中以龙游商人为多，经商手段最为高明，故冠以"龙游"之名，亦称"衢商"。明代中后期曾有"遍地龙游"[①]之谚，可见当时其势力之大。

龙游商人大体经历了三个发展阶段：萌发于南宋，鼎盛于明中叶至鸦片战争前后，衰落于清光绪之后。明中期以后，龙游商人作为一个商帮强势崛起。他们远走全国各地，甚至远渡重洋，经营各种商业，把赚来的钱财转回家乡，龙游随之富裕起来，社会风俗趋于奢靡。鸦片战争后，传统的农村手工业品的销路受到巨大冲击。与洋商接触频繁的宁绍商人逐渐崛起，抢占了龙游商人的地位，以至民国时有人感叹"遍地龙游之说，久不闻矣"[②]，龙游商帮日渐没落。

龙游商经营行业范围颇广，尤其在纸、书、珠宝行业中占有重要地位。龙游县造纸历史悠久，明清时期是南方重

---

① 万历《龙游县志》卷五《风俗》，民国十二年排印本，第1页a。
② 民国《龙游县志》卷二《地理考·风俗》，民国十四年铅印本，第18页b。

要的纸业基地之一，许多商人在本地设纸行收购纸张，在江浙、湖广、闽粤等地以售纸营生。当时，溪口村是龙游地区重要的造纸中心和主要交易场所，繁盛程度远超城镇。龙游造纸业鼎盛时期，全县有纸槽317条，大多位于溪口山区，出产的土纸数量庞大。

龙游盛产纸和木材，可刻印书籍，加之该地又有重文传统，于是一些文人主动放下架子，开始刻印书以致富。龙游书商曾引起明代饱学之士王世贞、唐顺之的重视，特为之作传传世。书商童佩因售书而读书，因读书而藏书，因藏书而刻书，并广泛结交归有光、胡应麟等江浙鸿儒名士，所作诗文得以汇聚成篇，刊行于世，是著名的亦儒亦贾的书商。书贩胡贸善锥书，经常和一些文人交往。唐顺之因爱书，把胡贸引为座上客，说："如果没有胡贸，我的事业将无法成就。"当时还有人专门开书店经营书业，龙游望族余氏曾于江苏娄县开书肆，其刊印的书籍字画错讹极少，十分畅销。

明中叶，龙游珠宝商在全国已颇具名气。他们在贩卖珠宝时，即使珠宝再贵重，也只是一人将其携带至京师，或藏于不起眼之破衣败絮，或藏于人皆讨厌之伪造脓疮，或隐于膏药之中，很难被人发现，其胆识与机智令人扼腕称奇。

（十）宁波商人

宁波商人指清代浙江宁波府所辖鄞县、奉化、慈溪、镇

海、定海、象山六县的商人。宁波简称"甬",宁波商人因此又称"甬商"。

宁波商人作为商帮形成时间较晚,但后来居上,在鸦片战争后特别是民国时期称雄商界,至今仍活跃于海外商界。孙中山先生对宁波商人极为赞赏,他说:"甬地开埠在广东之后,而风气之开不在粤省之下。且凡吾国各埠,莫不有甬人事业,即欧洲各国,亦多甬商足迹,其能力之大,固可首屈一指者也……宁波人既素以善于经商著,且具有伟大之魄力。"①

明朝厉行海禁,合法的外贸渠道壅滞,宁波一带的走私活动变得异常活跃。宁波府所辖的双屿港、烈港、岑港等地私商云集,每到夏季,大海船数百艘乘风挂帆,蔽大洋而下,多时可达千余艘。他们以绵布、绸缎、湖丝换取葡萄牙人的胡椒、银锭,并驾船在日本、宁波之间穿梭往来,为葡萄牙人运送货物。鄞县海商毛海峰、徐碧溪、徐元亮等甚至是汪直海商集团的重要头目。由于明朝政府对走私贸易多次进行严厉打击,大批宁波商人把目光转向国内。明末,宁波药材商在北京建立鄞县会馆,标志着宁波商帮开始形成。这

---

① 孙中山:《在宁波各界欢迎会上的演说》,载中国社会科学院近代史研究所中华民国史研究室、中山大学历史系孙中山研究室、广东省社会科学院历史研究室合编《孙中山全集》第3册,中华书局,1984,第350页。

时，宁波商人的主要活动区域集中于北京等北方地区，重点经营药材业和成衣行。

清圣祖康熙二十三年（1684 年）开放海禁，宁波商人获得了迅速发展。到乾嘉时，其活动区域不仅遍及长江和南北洋各地，而且延伸到海外，经营着合法且颇具规模的对日贸易。鸦片战争后，宁波港正式开埠，市场更趋开放，宁波商人抓住开埠带来的机遇，把其商业经营推向鼎盛。

宁波商人在近代得以发迹并臻于鼎盛的支柱行业有二：

一是沙船贩运业及后来的轮船航运业。咸丰、同治年间是宁波沙船贩运业最繁盛的时期，特别是太平天国期间，各省陆路交通受阻，北方河北、山东，南方福建、广东，以至内地四川、湖北、安徽、江西各省的货物都集中在宁波一地集散。那时宁波商人几乎垄断了南北货物贸易，盛极一时，获利巨丰。后来轮船兴起，代替了沙船，宁波商人虞洽卿、朱葆三等创办宁绍、三北、越东等轮船航运公司。三北轮船航运公司的总吨位曾达到 9 万吨，为中国当时三大民营公司之一。

其二，钱庄业及后来的银行保险业。宁波的钱庄业源于明中后期，鸦片战争后有了长足发展。当时，上海实力雄厚的钱庄的股东大都是宁波籍富商。除投资外，宁波人还直接经营钱庄业，上海、天津等城市的大钱庄不少都由宁波商人

经营。19 世纪后半
期至 20 世纪初，执
上海金融牛耳的九
大钱庄资本集团中
宁波商人占了 5 家。
近代银行出现后，

四明银行 1909 年发行的纸币

宁波商人的地位愈显重要。1897 年，他们参与创办了中国第
一家华人银行——中国通商银行，之后长期控制并主导着该
行的发展。1908 年，又创办了股份制商业银行——四明商业
储蓄银行，董事、总经理等高级职位全由宁波人担任。

三、行会・商帮・商会：商人组织的演进

与商业活动的产生相比，商人组织的出现要晚得多。即
便如此，从唐代行会演进至清末商会，商人组织已存在了千
余年的时间，其发展与商品经济的发展和商人力量的增强密
切相关。

（一）行会

行会是一种由地域范围内的工商同业者结成的行业经济
组织。

行会至晚出现于唐代。官府为了便于管理坊市中的行，
令从事工商业的同行分别聚居于同一市区内；各行设有"行

头"或"行首"负责管理市场、收缴赋税等工作。宋元时期，随着工商业的进一步发展，行会组织更加稳固，活动也愈加频繁。当时大多数行业都建立了自己的组织，称为"行"或"团"。入行者被称为"行户""行商"或"行人"，其首领称"行首""行头"或"行老"。宋代的行会不仅有"行头"，且有集中交易的"上行"之所和行老们会聚之处。城市手工业在行会的组织管理下十分发达，南宋都城临安的重要手工行业曾分别组成了 12 个不同的行会组织。明清时期，工商业获得了快速发展。为了适应市场竞争需要，许多行会设立了会馆、公所等常设办事机构，其组织规模不断扩大。晚清以降，行会顺应经济发展与社会变迁的需要逐渐向

始建于清嘉庆年间的陕西丹凤船帮会馆

同业公会转变。

行会首领的产生有两种方式：一种是由业主轮流担任。采取这种方式，或是因行会下属坊店数目不多，或是因行首任期较短。如北京的药行行会行首的任期只有一个月，这样业主才有可能轮流上任。另一种是公推公举，即由行人共同选举。这种方式表面上看十分民主，但因许多行业都规定行首候选人应具有一定地位和资历，有的甚至明确规定由大行业主担任行首，所以行首之位往往落于权势集团之手。就此而言，行会更多的是维护大业主以至官府的利益，而非代表小业主、雇工和学徒的利益。

行会的经费来源主要有三：一是由下属各坊店定期交纳会费。交纳依据或是营业额，或是人头。二是新入行、新开业、新收徒者向行会交纳的手续费。通过这两种渠道汇集起来的钱财往往用于行会的日常开支。至于修建馆舍、开展福利事业等大笔开销则须另辟集资渠道——募捐，即借助社会力量筹集资金，对象一般是同行业者、高官巨富乃至社会各界名流。

行会与官府间存在千丝万缕的联系。首先，官府需要行会协助其管理市场、征收商税等。这一职能在行会初设时便被赋予。明清时期，行会与官府的关系更加密切。它除了承担一些传统的管理职能外，还承担官府的采购任务及一些差役。其次，行会制定的一些规范需要借助官府的强制力加以保障。没有国家权力的保障与支持，行会制定的规则更多时候只是一纸空文。

行会的功能主要体现在四个方面：一是举办同行福利事业，使本行内从业者在遭受天灾人祸或蚀本破产时能得到同行的救济和帮助，不至于陷入家破人亡的境地。二是规范生产与销售活动，涉及货源分配、产品规格、商标、定价、开业、经营方式等内容，其目的主要是限制不公平竞争，以维护全行业利益。三是调解劳资关系。行会一般都规定雇主雇佣雇工应有一年的试用期，试用期内雇主不得擅自辞退雇工。这些措施有利于保证生产经营的正常运转，同时也有利于行业内劳动力市场的培育。四是解决内外纠纷。对业内纠纷，由行会依照行规自行解决，有利于维护团结局面。对外来侵扰，从业者往往在行会的组织下抱成一团，以集体力量维权。当然，行会还具有天然的排他性和独占性，明显具有排斥其他行会和限制新竞争对手出现的意图，不利于技术进步和培育竞争的市场氛围。①

---

① 参见彭泽益：《中国行会史研究的几个问题》，《历史研究》1988年第6期；庄华峰：《中国社会生活史》，中国科学技术大学出版社，2014，第273—276页；陈文玲：《我国古代商业行会的沿革及其借鉴意义（一）》，《商业经济研究》1989年第4期。

（二）商帮

商帮是商人以地域为中心，以血缘、乡谊为纽带，以"相亲相助"为宗旨，以会馆、公所为其在异乡的联络之所的一种既"亲密"又松散的商人群体。其地缘范围可大可小，大者可至一省或数省，如山（西）陕（西）商帮；小者可限于数乡，如洞庭商帮，覆盖面积不足 200 平方公里。商帮还兼有血缘与业缘的特征。一般来说，商帮的地缘范围越广，其血缘色彩愈淡，业缘色彩愈浓；反之，地缘范围越小，则血缘色彩愈浓。

商帮出现于明中期，发展于明晚期和清朝时期。明中期以前，中国商人的经营活动虽很发达，但多是单个的、分散的，各自为战，没有出现具有鲜明特色的商人群体，有"商"而无"帮"。自明代中期以后，由于商品流通范围的扩大，商品数量和品种的增多，在商业中具有"龙头"作用的行业在一些地区迅速兴起，再加上人们从商观念的转变、商人队伍的壮大、商业竞争的激烈，以至在商业领域出现了前所未有的喧闹局面。最引人注意也最令人称道的是在全国各地先后出现了不少地域商人群体——商帮。它们是纵横驰骋于商界的一支支劲旅，掌控或操纵着某些地区和某些行业的商业贸易。

最早对商帮进行解释者出现在清末。当时称商帮为"客帮"，如徐珂《清稗类钞·农商类·客帮》条称："客商之携货远行者，咸以同乡或同业之关系，结成团体，俗称客帮，有京帮、津帮、陕帮、山东帮、山西帮、宁帮、绍帮、广帮、川帮等称。"首先直接将地域商人集团称为"商帮"的是日本人。日本驻汉口领事水野幸吉在成书于1907年的《汉口中央支那事情》中明确提到"商帮"，还列举了四川帮、云贵帮、陕西帮、河南帮、香港帮等十几个帮名，并对"帮"做了解释，称其是同乡商人相结合而成的一个团体。直到清末，中文文献中才有了"商帮"字样。清宣统二年（1910年），天津的福建、广州、潮州三帮商人在呈文中一再自称"商帮"。这是目前所知地域商人自称为商帮的最早记载。

商帮以群体的力量参与商业活动与商业竞争，其活动的舞台十分广阔。有关各商帮的记载，往往言其"周游于天下"。商人足迹虽遍及天下，但各个商帮都有其重点活动区域。如：山西帮主要活动于北部蒙古地区和西北地区，安徽帮活动的大本营是江南，宁波帮、福建帮和广东帮则擅长海外贸易。各个商帮虽有重点经营的区域范围，但是又不限于这些区域，而是周游天下，这就构建起一张覆盖整个中国乃至蔓延到域外的商业网络。当时全国商业网络中的枢纽和基点，如北京、南京、济南、扬州、苏州、杭

州、广州、成都等各大商帮麇集之地都集中了不同商帮建立的多家会馆。①

商帮还努力在各行业之间构建庞大的贸易体系。山西帮的主干力量，先是盐商，后是票号商；安徽商帮的主干力量则是盐、茶、木材、典当商。他们均有自己的金融业。16世纪以后，金融典当行业基本上为安徽商帮、山陕商帮所掌控。清朝建立之初，山西商帮经营的典当业在江北地区已超过安徽商帮。乾隆以后，山西商帮还创办了账局和票号，从而形成了一个汇通天下的汇兑网络。这对商品经济的发展十分有利。很明显，山西商帮、安徽商帮能长盛不衰与其贸易体系内部构成的合理与完善关系密切。

商帮的出现与繁盛促进了商品经济的发展，但当时商帮的资本主义性质还很微弱。这从两方面可以看出：一方面，各大商帮资本和利润的流向，仅有小部分流向生产领域，多数被用来购置土地、捐输捐纳，甚或挥霍浪费。另一方面，多数商帮，包括曾经富可敌国的山西帮、安徽帮等，在19世纪后半期均黯然没落，难逃倒闭、败亡的命运。不过，商帮直到今天依旧存在，如海外宁波帮现仍有73000多户，分布

① 参见沈旸：《明清苏州的会馆与苏州城》，载贾珺主编《建筑史》第21辑，清华大学出版社，2005，第161页。

在 50 多个国家和地区，在商业活动中继续发挥着重要作用。[①]

（三）商会

商会是各行各业商人的联合组织，又是重要的市场中介组织，在清末出现并逐步取代公所成为新式商人组织，迅速遍及全国各地；在晚清和民国初年功能比较强大，是城镇工商业者的主要团体和代言者，也是政府从事工商管理的重要社会中介组织；此后逐渐走下坡路，20 世纪 50 年代初被改造为工商联组织。[②]

中国第一个商会组织——上海商业会议公所成立于 1902 年，拥有会员 75 人，浙江慈溪人严信厚任总董。1904 年改组为商务总会，仍由严信厚为总理。其后，全国掀起兴办商会的高潮，商会总数、参会人员都有大幅度提升。至 1912 年，全国商务总会已达 57 所，商务分会 951 所，共计 1008 所，商会会董 21854 人，会员 196636 人。

商会与商人会馆、公所有明显差别，并非一地、一帮或一行业商人的组织。商会与会馆不同，不是以地缘为纽带组成的某地区、某帮商人的组织，而是各地商人的共同组织。

① 参见范金民：《商帮探源述流》，《浙江学刊》2006年第2期；张海鹏、张海瀛主编《中国十大商帮》，黄山书社，1993，前言第1-4页；唐力行：《商人与中国近世社会（修订本）》，商务印书馆，2006，第60-61页。
② 参见马敏主编《中国近代商会通史》第一卷，社会科学文献出版社，2015，第1页。

天津商务总会的会董中也有广东等外地人。商会与公所也不同，已不是某一行业的组织，而是全体商人的共同组织。1906 年，加入天津商务总会的有 713 家，分属木、布、钱等40 多个行业。商会经由总会、分会等组织通过层层联结的方式对分散的商人势力进行整合，使全国商人形成一个整体网络。另外，商会经清廷谕允饬令成立，由商务部颁发关防大印，享有合法的社会地位。由此，商人不仅通过商会由分散走向联合，还开始以社团法人的新姿态登上历史舞台，在清末民初社会中发挥了重要作用。

早期商会是新兴资产阶级第一次结成的社会团体，其功能主要是"振商"和"保商"，具体措施有三个方面：一是联络工商，调查商情。未有商会之前，国内工商业受行帮壁垒的阻隔，实业不兴，商情涣散。商会成立后，定期召开常会、会员大会，遇有重要事项急需议决者则临时召开特别会议，畅通各种渠道互通商情。除在商会内部互通情报外，商会与商会之间也经常互相沟通或通过商部互通声气。二是兴商学，开商智。商会成立后，工商界人士深感国内商学不兴，商智不开。因此，有些地区的商会开始试办商学，以培养科技和管理人才。其中规模较大的有天津商务总会主办的中等商业学堂、苏州商务总会主办的实业学堂、长沙商务总会主办的唯一学堂、上海总商会主办的商业学校等。商会还举办国货展览会、设置商品陈列所等，以促进产品和工艺技术的观摩交流。三是接受商事诉讼，保护工商利益。中国历史上长期无商法可依，商事裁判权掌握在官府衙门手里，官吏只知借案敛财，漠视商民利益，往往任意稽延时日或妄加判断。商会成立后，把"理案"和"调处"列入自己的职责范围，不少商会专设若干名理案议董，对工商企业间的钱债纠葛等事情，定期召集原诉人和被诉人到商会申辩、审议，迅速清理了结了不少积案。

商会加强了全国各地乃至世界各地各业华商之间的联系，克服了会馆、公所以地区帮派和行业划分商人的狭隘性，既促进了全国统一市场的形成和商业贸易的繁荣，也使商人成为政治经济生活中不可忽视的重要社会力量。①

---

① 参见徐鼎新：《旧中国商会溯源》，《中国社会经济史研究》1983年第1期；唐力行：《商人与中国近世社会》（修订本），商务印书馆，2006，第278-293页；丁长青：《试析商人会馆、公所与商会的联系和区别》，《近代史研究》1996年第3期。

第三章

传统市场的成长与开拓

　　今天，我们的生活和生产已时刻离不开各色各样的市场，甚至可以说社会的运转已离不开市场。那么什么是"市场"呢？作为经济学概念，"市场"的含义有具体与抽象之分。具体意义的市场，指买卖双方在一定的时间和特定的空间进行交易的场所；抽象意义的市场，不限于交易的具体场所，是对参加交易的双方因交换结成的社会关系的概括。本章所述基本上指具体意义的市场。

　　传统社会中，人们的生活是不是也时刻离不开市场呢？答案是否定的。市场影响人们生活和生产的程度是随着其成长和发展不断加深的。在中国历史上，市场起源很早，神农或祝融作市的传说虽不一定可信，但至少说明从远古时代就随着交换的发展而萌生了初始状态的市场。《周礼》中对市

场管理体制的记载未必是当时的实际状况，但足可表明至晚在西周时"市"已经是一个独立的固定空间。从历史发展进程看，从春秋战国之交到西汉武帝时是中国传统市场发展的第一个高峰期；武帝以后走向衰落，汉末至魏晋南北朝时期更加严重，长期处于低落状态；隋唐时期呈现复苏的局面，到宋元时期再度兴盛，达到了传统市场发展的新高峰；明清时期，传统市场由分散趋向整合，由封闭趋向开放，由割据趋向统一，进入了其成熟阶段。[①] 纵观传统市场的发展史，其不断成长的标志主要有：空间的拓展与交易时间的延长，交易内容以生活资料为主向生活生产要素并重的转变，各层级市场的发育与市场网络体系的形成乃至全国统一市场的形成。本章就从以上几个方面介绍中国传统市场的成长。

一、从封闭走向开放的城市市场的发展

中国古代城市中的商业空间经历了一个从封闭到开放的转变，时间大致在唐后期到北宋。具体来说，这一转变主要体现在两个方面：一是空间的拓展，表现为市场的位置不再局限于与居民区严格分开的固定区域；二是交易时间的延长，标志就是城市中夜市的出现。

---

① 参见龙登高：《中国传统市场发展史》，人民出版社，1997，第18-524页。

（一）唐宋之际坊市制的瓦解

唐武则天时，一位叫张衡的官员退朝时，见路旁有刚刚出锅的热气腾腾的蒸饼，香味扑鼻，加上早上上朝时间早，当时已饥肠辘辘的他便买了一个，骑在马上就狼吞虎咽地吃起来，结果被御史弹劾，被皇帝下令取消了晋升三品官的命令，降为地位较低的流外官。

唐肃宗时期，一天早上天气很冷，长期主持唐朝中央政府财政事务的刘晏，上朝途中见路边有卖蒸胡饼的，热气腾腾，便让人买了一个，用袍袖包着，边取暖边吃，还告诉同僚说："美不可言，美不可言！"

张衡因在路边买蒸饼吃被弹劾降官，固然是因他不顾官员形象，恐怕也与他购买当时还属违规经营的摊点上的食物不无关系；到了刘晏时，突破坊市限制而在路边经营者越来越多，对此人们已经见怪不怪了，官位比张衡还高的刘晏再在路边买东西吃就不用避讳同僚了。张衡和刘晏的遭遇反差如此之大，很大程度上就是因为二人所处时代的市场和城市管理制度——坊市制有所不同。

中国古代城市的规划，首先是确定官府各机构的中心地位；然后是居民区，谓之"里"或"坊"；再是把居民区与市场分开，即坊、市分治。坊、里与市都有一个固定不变的范围，形状大体为正南正北的豆腐块式方块地区。

其大小基本一致，四周有墙包围，各有一定的门径出入。无论坊、里之门，还是市门，出入都有专人监督。市场的集散与市门的启闭都有固定的时间。市场内店铺排列成行，谓之次、肆或列肆。卖买皆市开而入，市罢而散。这种严格按照居民区与市区的坊市划分、商业贸易只能在固定市场内进行、坊与市有固定范围与固定形制的城市规划与管理制度，就是坊市制。

在城市设置固定市场的制度，至晚从战国时的秦国就开始了。汉代继承了秦的固定市场制度。西汉都城长安城内有东市、西市、柳市、直市、高市等九个固定市场，市有市墙，市内有高楼，以便官员监视市内动态。其他城市也有类似的"市"的设置。市设有市门，管理各类人员出入；设有市长、市丞、市掾等官吏，监督市场事务；还有市楼，又叫"旗亭"，既便于监视市场的一切举动，又可在楼上插旗帜表示开市；市内店铺集中，排列整齐，专门作为商贾居住之地。商贾按经营商品性质不同又划分为隧或肆。市场贸易有固定时间，一般均在白天进行，交易三四次不等，夜晚闭户。与固定市场并存的是一般居民区"里"。秦汉城市的居民区都称为"里"或"闾里"，长安有160个里。每里有垣墙，里门有专人看守，里内宅院布局比较规则齐整。秦汉时把"市"与"里"截然划分，彼此互不相涉

四川成都市郊出土的汉代市井画像砖

和互不混杂的城市结构，就是当时的坊市制度。[1]

魏晋南北朝时期，城市中的坊里向规则齐整发展。曹魏时的邺城已由东西大街分成南北两部分，北部为宫殿官署区；居民区集中位于城南，被划分为若干正方的坊里，有 3 个市，已形成棋盘式街道布局的雏形。北魏洛阳的规划布局与曹魏邺城一脉相承，坊制亦更加严密，且明令不许毁坊开门，城内方 300 步为一里，共 220 里，可见其规划布局已更加向棋

---

① 参见白寿彝、高敏、安作璋主编《中国通史》第 4 卷《中古时代·秦汉时期》，上海人民出版社，1995，第 659-666 页。

盘式方正格局发展了。①

唐代完全接续了隋京师大兴城和东都洛阳郭城内划分若干坊、市的规划和现实。唐都长安由宫城、皇城和外郭城三重城组成，城内建南北大街 11 条、东西大街 14 条，25 条大街纵横相交，将全城除宫城、皇城外的部分划分为棋盘式的方格区。这些方形的街区就是坊，共有 109 个大小不等的坊和东西 2 个市坊。坊是将城市住民分区居住以实行有效管理的城市基本区划单位。形态上就是城内划分为若干坊，每坊一里见方，建坊墙以围之，开设坊门，依时启闭，以限制出入。坊门一般不准开向大街。坊内设十字街，将坊内划分为 4 个建筑区，以安排官房、民舍、苑囿或崇祀场所。每坊设坊正掌管开启坊门的钥匙，处理坊内事务。坊门晨启夜闭，禁止人们夜间在街上行走。

长安城内的市场也设在专门划定的市坊内，其中位于皇城东南的称"东市"，位于皇城西南的称"西市"。东、西两市各占两坊之地，平面呈南北略长、东西略短的纵长方形，长宽各约 1050 米，面积约一平方千米。市场四面有墙，每面各有两门以供出入。市内有东西大街和南北大街各两条，纵横交错为"井"字，将市场分为九个交易区。每个区

---

① 参见盛会莲：《唐代坊市制度的发展变化》，《西北师大学报》2000年第3期。

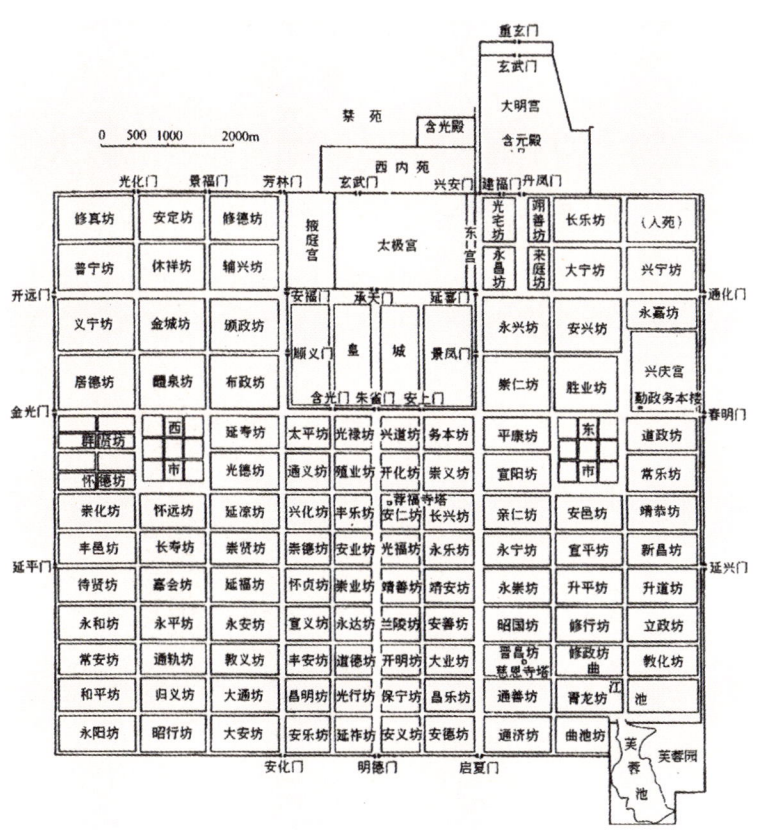

唐都长安布局图

四面临街，各行业的店铺临街而设。负责管理市场的市署和平准署位于"井"字街的正中位置。除四条大街外，市内还有东、西、南、北四条沿墙街道和为数众多的被称为"曲"的小街小巷，两旁布满了各种店铺。

据 20 世纪 60 年代对长安西市的考古发掘可知，市内店铺稠密，几乎没有空地。店铺的面积一般面阔 6 米左右，约

为两间；小的店铺仅一间，面阔 4 米左右。最大的店铺，面阔 10 米左右，约为 3 间之数。[①] 由此看来，店铺的面积一般在 20 平方米左右，最小者仅 10 平方米左右，最大的也只有 30 多平方米。根据店铺面积计算，东西两市的店铺可达 8 万家，工商业人口可达 30 万人。市上商品种类非常丰富，琳琅满目，大致有粮食、纺织品、食品、衣服鞋帽、皮革、蔬菜瓜果、水产品、调料、饮料、燃料、肉类、生活用具、生产用具、牲畜家禽、文化用品、交通工具、建筑材料、家具、医药用品、丧葬用品、奢侈品及奴婢、房屋等 20 余个门类。市上同种商品聚在一起按行排列，东市有 220 行，见于记载的主要有绢行、马行、铁行、肉行、鱼行、秤行、布行、笔行等，较之隋东都洛阳丰都市的 120 行有很大增长。[②]

东、西两市在格局上虽无多大差异，但受周边居住人群等因素影响，表现出不同的特色。西市及周边诸坊所居以平民为主，人口稠密，商人较多，其市面上小店肆林立，比较繁荣，有"金市"之誉。这里聚集了大量胡商，可视为长安的国际性贸易市场，呈现出较浓的异域色彩，市内有胡姬酒肆和为胡商存储货物的"波斯邸"。东市周边以官僚贵族住宅居多，进京公干的官员和赶考的读书人多往来于此，故其

---

① 参见马得志：《唐代长安与洛阳》，《考古》1982年第6期。

② 参见薛平拴：《长安商业》，西安出版社，2005，第140-143页。

高档店铺多，虽在繁荣程度上不及西市，但有文化气息，如市内就有很多文具店，还有雕版印刷作坊，印刷品远销至敦煌等地。

随着东、西两市商业的繁荣，金融业也兴盛起来。经营个人典当抵押的质库、办理钱款收存和支付业务的柜坊、接受货物寄存并收取手续费等的寄附铺等金融机构不断涌现，金银珠玉商、绢帛商、邸店经营者等大资本商人也兼营金融业。东市周边的进奏院是经营飞钱汇兑业务的重要机构，对长途贩运商人来说尤为便利。他们只要在某地进奏院存入一定钱款，即可凭票据到另一地提取。

官府对东、西两市有一套相当完善的市场管理制度。每天正午击鼓三百声，表示开市；天黑前击钲三百声，表示闭市。闭市后，市场管理人员要关闭市门。另对物价、度量衡、市场秩序、市容、货币流通、商品质量、商税征收等都有详尽规定，以维护交易公平顺利地进行，严禁欺行霸市。

作为唐代城市管理制度的核心，坊市制的中心理念就是把城市中的居民生活和商业活动限制在一定的区域内，实行时间和空间上的双重制约。唐代还从法律上对都城管理做了制度化的肯定，并试图将这一理念推广到地方建制城市中去。唐前期，在全国推行封闭的城市管理，使地方上大大小小的城市外郭都趋向于规整的形态，是坊市制逐渐达到鼎盛

的时期。①

坊市制不是城市自然发展的产物，而是人为设计的结果，虽创立之初适应了当时社会的实际需要，但其对市场的限制不利于社会经济的发展，也不便于人们的日常生活。从唐中后期开始，随着商品经济的发展，坊和市的界限逐渐被打破，坊墙不断被突破，街道屡被新开设的店铺侵占，商业活动逐渐扩展到市以外的区域；不少城市的郊区出现了比较繁荣的草市，扬州、汴州等大城市出现了夜市，不再严格执行坊、市分开，日落闭市等制度；在一些著名的寺院附近，因为人流量大，根据寺庙定期的宗教活动，特别是神诞节庆之日，逐渐形成定期的贸易集市。

北宋建立后，坊市制被废除，商业空间形态变成了街市制。城里随处可开设商铺，基本上不存在人为的强制规定。就商业活动而言，已没有唐代那种官府设立的指定性市场，而是大街小巷、寺门桥头到处都有商业交易。小商贩可在各处沿街叫卖，夜市盛行，城厢内外形成繁华的商业区，并出现了专业性的批发交易市场。北宋张择端绘制的著名的《清明上河图》就是对北宋街市制的生动描绘，鳞次栉比的沿

---

① 参见李孝聪：《唐代城市的形态与地域结构：以坊市制的演变为线索》，载李孝聪主编《唐代地域结构与运作空间》，上海辞书出版社，2003，第248－306页。

北宋张择端绘《清明上河图》中的街市

街店铺、熙熙攘攘的行人、随处可见的商贩，一派商业贸易
繁盛的景象，充分反映了城市商业的重要变化。坊市制的瓦
解在中国城市史上是一次重要的进步，甚至被有的学者视为
"中世纪城市革命"的重要表现之一。

（二）中唐以后夜市的出现

《韩非子·外储说左上》中有一则寓言称：一人去市上
买鞋，到了以后却发现没有带在家中已量好的尺码。当他回
家取来后，市场已关门，鞋最终没有买成。这说明唐以前对
市场交易时间有严格限制，一般是"日中为市"，即正午开
始交易，傍晚便罢。

中唐以后，城乡商品交换日趋频繁，商业市场不断扩大，城市人口消费大量增加。坊市制度因之逐渐瓦解，其对商业交易地点和时间的限制不断被突破，在很多繁华的商业都市及农村集市中，夜市已广泛出现。唐武宗即位后敕令禁断京城夜市，表明当时长安和洛阳两京的夜市已很盛行。除两京外，夜市在南方的发展尤为引人注目，扬州、广州、成都、汴州、楚州、苏州、杭州、金陵等大城市，淮市、梓州、象州、湖州、蔡州、夔州等中小城市以及巴南、巴西、江南、长洲、峡中等地的乡村集市中都出现了夜市。扬州的夜市尤为繁华，王建的《夜看扬州市》一诗有生动描绘：

夜市千灯照碧云，高楼红袖客纷纷。
如今不似时平日，犹自笙歌彻晓闻。[①]

从总体上看，唐朝夜市虽已不是个别、短期的现象，但仍局限于少数商业繁盛区，且多为供达官豪吏纵情声色的场所。因此，唐代夜市主要是以达官显贵和文人墨客为主体的小众化夜市。夜市真正的大众化到宋代方才完成。

北宋建立后，从法律上肯定了夜市的合法性，但时间上

---

① 王建：《王建诗集》卷九《夜看扬州市》，中华书局，1959，第77页。

仍有限制。从北宋中期开始，夜市逐渐呈现出空前繁荣的景象，在市场规模、营业时间、店铺种类、游客人潮方面都有相当大的突破与发展。宋代各地州城和重要市镇都出现了夜市，但在繁华程度上均远逊于北宋东京和南宋临安的夜市。

东京夜市分布在南部的州桥和东北部的马行街、潘楼街、官桥等地，市场交易通宵达旦。马行街夜市往往持续到三更方才结束，到五更又重新开张。一些繁华热闹去处，夜市通宵不绝；北州桥夜市又盛百倍，车马拥挤，行人不能驻足。在比较偏僻的地方的夜市上也有包子、烧饼、灌肠和香糖果子之类售卖。寒冬腊月，即使遇大风雪或阴雨天亦有夜市。南宋临安的夜市也是四季昼夜不绝，每天三四更以后游人才稀，到五更时早市又开始了，除皇宫大内前面外，各处都是这样。即使冬季大雨雪天也有夜市，以中瓦前最为繁盛，市场上的各色物件与白天无异。

饮食小吃、酒楼、茶坊、瓦子勾栏及百货零售是宋代都城夜市共有的东西。小吃的种类繁多，从主食到副食、小菜、羹汤、甜品、凉饮、糖果俱全，可以满足社会各阶层的消费需求，平民化、大众化的消费趋向非常明显。[1]宋代夜

---

[1] 参见许芳滋：《宋代夜市研究》，台湾中兴大学硕士学位论文，2009，第217页。

市的消费主体不再限于少数官僚士大夫，而是扩延至各层次的城市居民乃至近郊农民，娱乐休闲文化消费不再是富人的特权，而成为普通市民百姓积极参与的一种活动。在消费客体上，勾栏瓦舍的专业演出场所和专业艺人演出，成为夜市娱乐经营的亮点，表现出突出的文化消费特征。①

明清时期，随着商品经济的进一步发展，夜市更加普遍，尤其是在江南地区，夜市的规模和繁荣程度都达到了古代夜市的顶峰，其已成为包括普通市民在内的更多人追求享乐的场所。

夜市可看成是白天经济活动的延续。它不仅从时间上拓展了商业活动，将白天的交易延续至夜晚，而且从空间上拓展了商业活动，夜晚出现的流动摊贩占领大量的公共空间，街头巷尾随处可见他们的身影。从宋代以后，夜市的消费能力较之白天毫不逊色，更有白天无法企及的特色，不可避免地带动了经济总量的增加，也方便和丰富了人民的生活。②夜市既是商品经济发展到一定水平的产物，也是商业发展水平的重要标志之一。

---

① 参见张金花：《试论宋代夜市文化》，《河北科技师范学院学报》2011年第1期。

② 参见潘虹：《明清时期中国城市夜市研究》，硕士学位论文，暨南大学，2013，第75-78页。

二、不同层级市场的成长与市场网络体系的形成

以市场体系的层次为标准，市场大致可分为初级市场、中级市场、高级市场和全国统一市场。初级市场是整个商品市场的基础，包括草市等各种各样的乡村集市及一般的市镇，贸易范围多在一日可往返的距离内。中级市场指一些大型的市镇和经济发达的府、县城一级的市场。它们或作为地区性商业中心，或作为某种商品的加工、集散中心，在商品流通中发挥着承上启下的作用，其贸易范围至少应能覆盖一两个府、十来个县，或者更大些。高级市场指区域市场，其内部有作为全国性或大区域的流通枢纽的城市，贸易范围一般多覆盖数省或十数省。

（一）初级市场的成长

传统社会中的初级市场主要是乡村集市和市镇。

1. 乡村集市

乡村集市是指设于乡村和城郊，在固定时间和地点进行交易的场所。它在不同地区名称不同，南方多称墟或圩，北方多称集，西南等地则称亥、街或场。

先秦时期，乡村中就有"市井"或"日中为市"之说。周边农户往往自发在经常前往汲水的井旁进行交易，或在几个乡村的交通要冲自然形成简易市场。西汉初年已有了五日

一会的农村定期集市。这种农村集市不同于城市中的市，一般没有什么设施，附近的农民和手工业者各持自己的产品按期赶到集市场地交易，事毕而散。东汉时，农村集市又有新发展。有些地方官在各地立市，便民交易，互通有无。大地主田庄里也有集市。

魏晋南北朝时期，豪门地主庄园仍然是"闭门为市"。在乡村的一些交通要道和津埠路口逐渐兴起新的交易市场。有的集市还建有仓库、旅舍等简陋设施。其时在县以下的小邑中大多有定期集市。这些乡间市场有利于小生产者经常性的产品交换，但交换的目的大多是为了自身消费的需要，物物交换比较频繁，货币经济相对缺乏。前来贩买贩卖货物的商贩极少，乡间市场缺少市场商品的外溢功能，实际上是一个相对封闭的乡间内部交换圈。

随着社会经济的发展和商品交换范围的扩大，东晋南朝时逐渐在一些乡村通往城市的交通要道和渡口上，自发形成农村集市贸易的新形式——草市。唐以前，国家规定"市"只能设于州县治所以上城市。草市作为传统商品市场的一种形式，"草"有非正式、非常设、草创未完之义，故称各地自发产生的非官设市场为草市。它在各地称谓不一，或称店，有道店、庄店、草店、野店等；或称埠、步，有山步、水步等；或称墟，有草墟、村墟等；或称市，有山市、河市、村市等。草市是民间交易达到一定水平后的产物，是城乡商品交流进一步加强的重要标志。

唐五代时，草市得到了蓬勃发展，主要表现有二：其一，草市种类与数量迅速增加。这在唐中期以后的四川地区尤为突出，体现浓郁巴蜀地方特色的小市、酒市、江市、柳市、药市、蚕市、茶市等大量涌现。其二，交易较兴盛，商品较丰富。这通过唐诗的叙述即可见一斑。王建的诗句"草市迎江货，津桥税海商"①，记载了江淮一带草市的繁荣；李嘉祐的诗句"草市多樵客，渔家足水禽"②，显示了草市货物的丰足。

宋代草市逐渐达到了其鼎盛阶段。它作为当地农民和手工业者交换商品的地方，如雨后春笋般涌现出来，成为最有活力的商品集散地。宋释道潜在《归宗道中》一诗中生动描绘了南康军庐山附近一个乡村草市的交易场景：

迤逦转谷口，悠悠见前村。

农夫争道来，聒聒更笑喧。

数辰竞一墟，邸店如云屯。

①王建：《王建诗集》卷五《汴路即事》，中华书局，1959，第40页。
②李嘉祐：《登楚州城望驿路十余里山村竹林相次交映》，载中华书局编辑部点校《全唐诗》（增订本）卷二○六，中华书局，1999，第2157页。

或携布与楮，或驱鸡与狁。

纵横箕帚材，琐细难具论。

老翁主贸易，俯仰众所尊。

区区较寻尺，一一手自翻。

得无筋力疲，两鬓埋霜根。

吾乡东南会，百货常源源。[1]

　　草市在宋代的发展除了体现在分布范围的扩展和数量的大幅度增加方面外，还体现在规模的扩大及其繁盛程度的提高上。其典型是江边的鄂州（治今湖北武昌）南草市。它是重要的商贸港口，河运发达，商舶云集；民居稠密，人口密度很大，居民以经商贸易者为主；市街沿长江南岸堤防向西南伸展，延袤达数里之长，与鄂州城合起来构成一个大规模的城市，其繁荣程度甚至超过钱塘、建康，是南方广大地区的交通与商业中心。[2]

　　由于草市设在农村和城市的接合部，除附近的中、小商品生产者经常来此交易外，还吸引了一批往来城乡之间的商贩来此贩卖和采购货物。因此，草市打破了乡间定期集市的

　　[1] 道潜：《参寥子诗集》卷一《归宗道中》，孙海燕点校，上海古籍出版社，2017，第13页。

　　[2] 参见杨果：《宋代的鄂州南草市——江汉平原市镇的个案分析》，《江汉论坛》1999年第12期。

封闭状态，形成商品内引外泄的开放性市场。同时，随着草市的长期发展，逐渐吸引越来越多的工商业者徙居于此，于是草市所在的城村接合部发展成为新兴的商业市镇，这种情况到隋唐以后表现得更为明显。① 宋代以后草市虽未完全消失，但更多的已被集市、镇市之类的概念所代替。

明清时期，农村集市得到了进一步发展。从地区分布来看，江南、珠江三角洲发展较早，明中叶已达到相当程度；华北平原大体是在明中叶起步，到清代中叶形成一个涵盖广阔、运作自如的农村集市网；湖广、江西、关中平原、四川盆地等与华北平原大体处于同一水平；东北等新开发地区则起步较晚。

从总体上看，明清时期农村集市的发展表现在分布密度上增加，也表现在开市频率上。清中叶华北平原地区每百平方公里的集市为 1 ~ 2 个，平均交易半径为 4 ~ 6 公里，农民赴集市贸易一般半日可以往返。经济发达的江南、珠江三角洲地区在明代中后期已达到这一程度，清代则超过之；闽浙赣山区、沂蒙山区则低于这一程度。开市频率大体上是从明代的每旬一两次为多，发展到清代的每旬两次、三次、四次，乃至隔日市。农村集市贸易又与农业生产的季节性密切

① 参见冷鹏飞：《中国古代社会商品经济形态研究》，中华书局，2002，第262-267页。

相关，如棉花收购季节，一些棉产区会增设棉花市，以便棉农出售、棉商购买。

农村集市最基本的作用就是满足本地小农的生产和生活需求，明清时期已发展成一个庞大的网络体系的集市，至少在以下几方面发挥着重要作用：第一，农村集市网是大规模、长距离商品流通的基础。明清时期商品结构发生了根本性的变化，民生日用品取代奢侈品成为大规模、长距离流通的主体；农民既是这些商品的生产者，也是其消费者；农村与城市，农民与本地市场、与全国市场，乃至与世界市场联系在一起，农村集市网在其中起了十分关键性的作用。第二，农村集市网是保障农村和农业经济生产与再生产正常运转的重要环节。农民的农产品、手工业品的出售，其生产资料、手工业原料乃至口粮的购买都离不开集市。第三，农村集市网的形成使地区之间通过商品流通实现经济布局调整、资源优化配置成为可能。事实上，明清时期的商品流通网已在相当程度上开始发挥其调整经济布局、优化资源配置的作用。举一个最具典型性的例子：江南地区以输入粮食、棉花，输出棉布、绸缎为主而形成的高收益型经济格局，即是建立在全国规模的粮、棉、布的流通基础上的，如果没有一

个庞大的农村集市网作为基础，这一切都将无法实现。[①]

2.市镇

"镇"原指驻兵戍守的军镇。自北宋建立后，镇逐渐演变为县以下的一级行政设置。到北宋中期，大多数镇不再具有军事据点的意义，而是纯粹以商业中心地的面貌出现。"市"原指商业贸易之地。两者连用，"市镇"作为一个具有经济意义的新名词正式出现于北宋的熙宁、元祐年间，到南宋以后常见于官方文书及地方志中[②]，成了一个专门指在市场体系中介于乡村集市和州县城市市场之间的一级市场的词汇。

北宋是市镇的初兴期。市镇的来源有三：军镇蜕变，降县为镇和升草市为镇。它与军镇、草市的最大区别是承担商税和酒税，并设监镇官管理。神宗元丰年间，全国市镇已超过 1900 个，主要分布在北方的京东、京西及南方的两浙、两淮、江东、福建及四川地区。各镇之间的发展很不平衡，大多数镇的税额在 1 ~ 2000 贯，全国有 20 个镇的税额超过万贯，成为当时引人瞩目的巨镇。有的镇在经济上、财政上的地位甚至超过了它所隶属的县，如京东路的赵岩口镇、傅

① 参见许檀：《明清时期农村集市的发展及其意义》，《中国经济史研究》1996年第2期。

② 参见王家范：《明清江南市镇结构及历史价值初探》，《华东师范大学学报》1984年第1期。

家岸镇在宋神宗熙宁十年（1077年）的税额是 28389 贯和 22467 贯，分别是其所属县城税额的 8 倍和 6 倍。密州板桥镇因是重要的港口，买卖极为繁盛，设有北方唯一的市舶司。

南宋是市镇发展的重要时期，具体表现在：其一，市镇数量增加。两浙地区是都城所在地，受都城临安带动，这一带的市镇数量很多，分布密集，不少税额都在万贯以上；另外两湖和华南地区也因为开发程度提高而使市镇数量增长极快。其二，贸易规模增长和市镇贸易地位提高。北宋时期，单个市镇商税额最高的赵岩口镇也没有超过 3 万贯；南宋时商税额在 3 万贯以上的有十多个，高者甚至达到了一二十万贯。市镇商税额在地方州府总商税额中的比例也不断提高。宋神宗熙宁十年（1077年）润州境内市镇商税额的比例为 15.97%；南宋时润州改称镇江府，到咸淳年间市镇商税额的比例提高到了 63%。^① 其三，出现了一批以手工业为主的专业市镇，如饶州浮梁县景德镇、吉州庐陵县永和镇的陶瓷业、福建仙游县枫亭镇的制糖业等都很有名，其产品不仅远销他路，甚至销往海外。

明清时期，传统市镇进入了繁荣期。首先是数量增加。除宋元时原有的市镇外，在江南、东南沿海、运河沿岸出现

---

① 参见吴慧主编《中国商业通史》第二卷，中国财政经济出版社，2006，第 522-532 页。

了一批新型市镇。从明正德、万历年间到清乾隆年间，市镇的数量大致增加了 1 ~ 2 倍。这些市镇既有直接设置的，也有从市上升而来的。明嘉靖年间，上海地区有 32 个镇，明末达到 55 个；清前期又新增了 33 个。其次是规模扩大和繁荣程度提高。明末清初，吴江县盛泽镇有五六万户，湖州双林镇有 16000 余户，有几千户的镇更是不计其数。在新增加的城镇人口中，多数是外来商贾、小手工艺者和流民。有些流民已成为受雇于他人的手工业工人。店铺、作坊、牙行林立，各类服务性、娱乐性的行业也有较大发展。再次是市镇的专业化倾向日益突出。明中叶以后，一批以从事丝织业、棉纺织业、缫丝业、榨油业、制陶业、铁器业生产为主的市镇不断出现。最后是地位不断上升。有些比较发达的镇在清代上升为县。自明代就以工商业发达闻名的震泽镇，在清世宗雍正二年（1724 年）升格为县。以陶瓷业闻名的颜神镇，在清世宗雍正十二年（1734 年）升格为县。有的市镇甚至在市场体系中成为较高层次的中心地，如广东佛山镇就与省城广州并列，是岭南区域市场的最高中心地。

　　由于分工的关系，促使镇与镇及镇与市之间建立了一定的联系，进而突破行政区划的阻隔，初步形成了较为发达的市镇体系和地区性的市场，对促进商品生产和商品流通起着不同的作用。市镇作为地区性的商业、交通运输业和手工业

的中心是全国性市场网络上大小不等的环节，带动了集市的发展，并有力地促进了城市经济的发展。有学者认为明清两朝城市经济发展的重心不在传统城邑，而在工商业市镇；从宋代直至明清时期，在以手工业和农村商品经济为内容的商业化条件下，中国城市化走了一条独特的市镇化道路，这是市镇发展的意义所在。①

（二）地区性商业中心的确立

从全国范围的市场网络体系看，在众多的乡村集市之上是一般的府县城市和比较大的一些市镇。它们作为地区性商业中心，在商品流通中起着承上启下的作用，既发挥着农民与市场联系中介的功能，又发挥着一定区域内商品集散地的功能，其交易覆盖的范围要远超过众多的乡村集市，至少应能覆盖一两个府、十来个县，或者更大些。这类地区性商业中心在全国数量很多，下文以明清山东的情况为例加以说明。

明清时期运河的畅通带动了沿线的济宁、聊城、德州等地迅速繁荣起来。

济宁商业在明中叶已有明显进步，南关外义井巷聚居的商贾不下数万家。清乾隆到道光时，酿造、烟草和皮毛加工

---

① 参见赵冈：《中国历史上的城镇与市场》，《食货月刊复刊》第13卷第5—6期，1983年；王瑞成：《近世转型时期的城市化：中国城市史学基本问题初探》，《史学理论研究》1996年第4期。

等行业有较大发展，城内的专业化街巷有粉房街、枣店街、纸房街、炭沟街、糖房街、竹竿巷、打绳巷、打铜巷、曲房街、油篓巷、剪子股街、烧酒胡同、磨盘街、船厂街等。该处是鲁西南地区的商品集散中心，外来商品有来自江南的绸缎和湖广的竹木，杂货有闽广的红白糖、江西的瓷器和湖北的桐油，由兖州、曹州等地汇集来的粮食、棉花、烟草经济宁输往江南、直隶等地。

聊城，兴起于永乐年间的会通河浚通后，借运河之便很快就成为商人汇聚之处。乾隆时，聊城四方商贾云集。河中桅杆林立，岸边货积如山，白日车水马龙，夜间灯火通明。仅有名号可考的山陕商号即有三四百家，其中既有出售外来商品的西货店、铁货店、茶叶店、海味店、板材店、盐店等，也有收购、加工本地名产土布、皮货、毡货的布店、皮货店、染坊、毡坊等。外地客商为联络感情，维护本省商人利益，相继在此建立了八座会馆，最著名的是山陕商人建的山陕会馆，至今保存完好。

德州原为军队驻地，运河通航后逐渐发展为商业城市，永乐年间已形成了大市、小市、马市、羊市、米市、柴市、锅市、绸市、旧线市、新线市、北市等。清代该处商业以粮食、棉花、杂货为大宗。粮食、棉花以本地商品的集散为主。杂货行主要经营由运河而来的纸张、江米、红白糖、

箔、香烛、海味、火腿、板鸭等，随运河漕运兴旺了二百余年，直到清末运河停航方才衰落。

张秋镇地处临清与济宁之间的运河与大清河交流处。明弘治时已因商贸繁荣而成为"河济之间一都会"。明后期，其商业进入繁荣期。全城共拥有大小规模不等的二三十种商行。齐鲁、吴越、闽广、秦晋等地的货物通过商人的贩运汇聚到张秋，即使是各种奇珍异巧之物也不稀见。清代张秋镇的经济继续发展。它将山东土特产转销至外省，将来自秦晋、吴越、闽广等地的商品转运至兖州府北部、泰安府西部的七八个州县，把运河区域的鲁西南市场与鲁西北市场联结成为一个覆盖整个鲁西平原的统一的贸易区域。①

山东半岛的登、莱两府北濒渤海，南临黄海，分布着许多天然良港。随着海上商贸活动的频繁，这些港口也逐渐发展起来，商业贸易日渐兴盛。

胶州在明末与江淮一带的贸易往来已十分频繁。清代开放海禁后，很快发展起来，南至福建和广东，北达盛京，各地货物云集。当时由胶州输出的商品主要是大豆、豆油、腌猪、药材、果品等，其中被誉为"上品"的胶州大豆是胶州输往江南最主要的商品；输入的主要是南方杂货，如碗碟、

---

① 参见王云：《明清山东运河区域社会变迁》，人民出版社，2006，第117页。

纸、糖等。

据同治《黄县志》卷三，黄县城内店铺数百家，福建、广东、苏州、杭州乃至西洋之物，应有尽有，被视为一个"小都会"。该处最发达的行业是银钱典当等传统金融业，丁氏家族从乾隆年间由丁元沂经营当铺开始发家，到其孙子丁九龄时已成为富甲一方的"丁百万"。

"金周村，银潍县""颜神日进斗金，比不上周村一个时辰"，鲁中一带流传的民间谚语生动地反映了明清以来潍县、周村、颜神镇等鲁中地区商业市镇的繁荣景象。这些市镇都位于鲁西与胶东半岛往来的交通要道上，凭借便利的交通优势得到了迅速发展。

长山县周村镇在明代仅是一座拥有居民三百家的周村店。清初，贯穿鲁中山地北麓的东西大道逐渐南移，使周村处于由鲁南经博山、淄川向鲁北和由济南经青州东往山东半岛交通线的十字路口上，由此很快发展为一座集工商贸于一体的经济大镇。乾嘉时期，周村达到鼎盛，清高宗乾隆三十九年（1774年），长山县令叶观海称该处商贾云集，来自南方各省的货物十分齐全。嘉庆时，周村被称为"旱码头"，镇内店铺林立，市面极为繁荣，已出现了许多专业街巷和专门的市，如丝市街、绸市街、棉花市街、粮食市街、鱼店街、蓝布市街、银子市街、油店街、水胶厂街、带

子市、土布市、铁器市、窑货市、估衣市、木货市、小炭市、碎货市、看鸡门等。周村在当时发挥着鲁中地区生丝、茧绸、丝绸集散市场的作用。鲁中南山区的泰安、莱芜、莒州、费县所产生丝多汇聚于此。这里设有丝店、丝局、绸货店等数十家，一方面在附近各县设庄收购原色绸布，经染色、加工后运销京师、直隶，稍后又在上海、苏州、汉口、济南、天津等处设庄或开设分号；另一方面也从南方诸省购入丝绸、百货一并销售，江南濮院镇即有周村商人开设绸缎行收购丝织品。周村繁盛的工商业经济吸引了来自山西、河南、直隶、奉天、吉林、福建、江西、湖南、湖北等省各地商贾前来从事经营活动，北方商人以晋商势力最强，南方商人则以福建为多。依据清宣宗道光四年（1824 年）重修关帝庙时的捐资统计，汇聚周村的北方商人至少有六七百家，若再加上福建等南方商人，周村的商人商号数量当有八九百家乃至千家。[①]

颜神镇（今博山）矿产资源丰富，以煤炭、陶冶、琉璃为主要产业。到清代，凭借工矿产品而成为方圆数百里的交易中心。城市商贸也有了明显进步，大街长三四里，居民稠密，商货往来多经于此。

---

① 参见许檀：《清代山东周村镇的商业》，《史学月刊》2007年第8期。

潍县位于胶东与鲁西地区及山东半岛南北之间陆路交通的汇合点，凭借交通枢纽的优越条件，其商业在明万历年间已相当繁荣，县城及城关各类市集有 18 处。到清代，商贸更加繁荣，沈廷芳诗称：

> 邑雄北海郡，人说小苏州。
> 估舶如云集，名园谊暑游。[①]

潍县还是莱州府一带烟草加工中心和集散地，光绪时每年销给登州和胶州客商百余万斤。

（三）流通枢纽城市与城乡市场网络的形成

流通枢纽城市的贸易范围一般多覆盖数省或十数省，主要分布在运河、长江沿线及沿海地区。

从明代到清代，运河的商品流通量不断提高，沿线有一批流通枢纽城市。

北京作为明、清两代的都城，市场上的商品绝大部分都从外地输入，较大宗的主要有粮食、绸缎、布匹、纸张、茶叶、糖、瓷器、洋广杂货以及毛皮、牲畜等。这些商品除满足本城居民的消费外，相当一部分转销华北和西北，特别是

---

① 沈廷芳：《隐拙斋集》卷一七《怀郑板桥二首·其二》，清乾隆刻本，第3页a。

西北的新疆、蒙古地区。清代中叶，北京实际上已成为华北地区重要的商品集散地之一，成为对西北诸省及俄国贸易的中心。

临清地处山东西北部，北界直隶，西近河南，又扼据运河与卫河交汇之处，明代中叶借运河流通之便成为华北最大的商业城市。临清市场兼有批发、零售和农产品集散的功能。经该地转销的商品除以棉布、绸缎和粮食为大宗外，每年还输入大宗的铁锅、瓷器、纸张和茶叶等，同时有大量棉花、梨枣、丝织品和皮毛制品输出。临清每年经销的布匹至少有一二百万匹，粮食的年交易量约为五六百万石至千万石，是明代华北最大的纺织品和粮食交易中心，到清乾隆年间更是成为北方最大的粮食交易中心，粮食的年交易量在五六百万石以上，是冀鲁豫三省的粮食调剂中心。

淮安位于江苏北部，北枕黄河，西濒洪泽湖，有运河绕城而过，明、清两代均为重要的漕运码头。该城位居江南、华北两大经济区交界之处，故南北商货中转贸易十分繁盛。经由淮安关流通的商品以粮食为最大宗，每年连樯而下贩往江南者不下数百万石，其中又以大豆为最。其他较大宗的商品还有北方的梨枣、棉花、烟草，南方的棉布、绸缎、纸、糖，等等。

运河南部的苏州、杭州两城属工商业并重的城市。明代

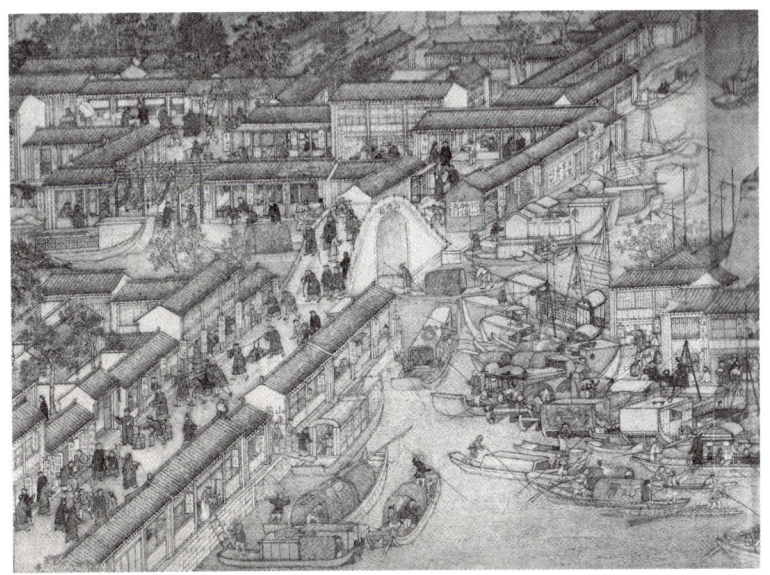

清徐扬绘《姑苏繁华图》中街道两旁店铺鳞次栉比的景象

苏、杭丝织业即已十分发达，清代更有进一步的发展，为全国的丝织生产、销售中心，其产品不仅销往华北、华中、西南、西北各省，且远销东南亚、欧美和俄国。苏州又是棉布加工业的中心。各地客商云集苏州采买丝、棉纺织品，同时也带来了各地物产，集中在苏之阊门、胥门一带贸易。

沿海港口城市是在清代随着沿海贸易的发展逐渐发展起来的，最重要的是上海、广州和天津。

上海，东临黄海，北依长江，又位居南北洋航线之中。这一得天独厚的自然地理位置使之在清代海禁开放之后很快

成为南北洋贸易的重要枢纽。上海从东北、山东输入大豆、杂粮，从闽粤输入蔗糖、南果及进口洋货；输出以江南所产棉花、棉布、丝绸为主；江西、湖广等省的稻米、纸张、茶叶、瓷器等商品也大量运抵上海，在此转口，北上京津、关东，南下闽广。嘉道年间每年进出上海港的南北海船合计在4000艘左右，货物年吞吐量为170余万吨，是东部沿海最大的港口城市。

广州是南部沿海最大的港口，明代即为对外贸易的重要口岸。清乾隆时的"独口通商"政策将国内与西方各国的贸易集中于粤海关，使广州一跃成为全国最重要的口岸城市，并得以独占鳌头达百年之久。清前期，中国出口货物以茶叶、湖丝、绸缎等为大宗，仅茶叶、生丝及丝织品两项每年即达一千数百万元，占出口商品总值的60%～80%。茶叶来自福建、安徽、浙江，生丝及丝织品则主要产自江浙，每年经由大庾岭商道运往广州出口；洋船进口货物则以哔叽、羽毛、纱缎、棉花、檀香、胡椒、黑铅等项为大宗，其中绝大部分也是从广州经陆路、海路转销全国各地。

天津位于渤海湾内，原为运河漕运码头，清代随着海运的发展，与东南沿海诸省以及东北地区的经济联系均得到长足发展，成为北方最大的沿海港口。天津从东北输入的主要是粮食，从南方江浙、闽广输入的商品有糖、茶、纸张、瓷器、药材、苏木、胡椒、果品、洋广杂货等。这些商品除供天津本地消费外，绝大部分转运北京，也有一部分沿运河南下销往直隶各府。

明代长江沿线的商品流通主要集中在中下游地区。清代随着两湖、四川等省开发的不断深化，整个长江流域各省间的经济往来日益频繁，流通规模大大增长。长江成为全国最重要的商品流通渠道和贯通东西的经济大动脉，沿线形成了一批重要的流通枢纽城市，如重庆、汉口、九江、南京等。

重庆位于四川盆地东部，嘉陵江在此与长江交汇。清代，重庆成为长江上游和西南地区最大的流通枢纽城市，其商品不仅可达四川本省各府以及邻近的湘、鄂、陕、豫、云、贵、藏等省，而且远及江、浙、闽、广。汇集于重庆市场上的商品主要有山货、广货、粮食、药材、染料、竹木、棉花、布匹、瓷器、铁锅、烟草、糖、酒、丝、麻、绸缎等。其中粮食、药材、染料、木竹及山货等是从四川输出的主要商品，而瓷器、棉花、铁锅以及广货则为输入商品之大宗。

汉口位于长江中游汉水入江口，通过长江可沟通洞庭水系的湘、沅等水，沿江而下可直达江西、安徽、江苏诸省，溯江而上可入四川盆地；溯汉水则可抵河南、陕西。其大规模发展在清代。康熙年间，刘献庭在《广阳杂记》中称其不只是"楚省咽喉"，云南、贵州、四川、湖南、广西、陕西、

河南、江西等省的货物都由此转运。汉口在乾隆年间已是长江中游最大的商业城市。粮食、木材、食盐、绸缎、布匹、药材、铜铅等都是汉口转输的大宗商品。

九江地处长江中下游之交,上通川楚,下至苏杭,是长江中游又一重要的流通枢纽城市。粮食和木材是经由九江东下的最大宗商品,主要销往江南。淮盐、江浙绸缎布匹溯长江至中上游地区,洋广杂货由大庾岭商道入鄱阳湖转中原各省,江西本省所产瓷器、纸张、夏布、药材等输往汉口、重庆等地均需经此转输。

南京在明永乐之后为陪都,商业比较繁荣。清代,南京成为一个工商并重的城市。民营丝织业迅速发展,丝织品销行全国,南京成为堪与苏、杭并称的三大丝织城市之一。凭借长江水运之便,南京也成为南北、东西商品转运的枢纽。各地商人云集于此,安徽、江西、山陕、江苏、崇明、洞庭、浙江、湖州、福建、广东、山东、河南、两湖商人都在南京建有会馆,总计有 30 余所。

总之,到清代中叶,全国已经形成一个涵盖广阔、运作自如的城乡市场网络体系,使商品流通几乎可以覆盖全国的每一州县,甚至每一村落,从而将自然条件、发展程度各异的各经济区域联结成为一个整体,使地区之间分工互补、调整经济布局、优化资源配置成为可能。这是中国近代化过程的一项重要内容。[1]

三、各类专业市场的发育及其意义

以交易对象为标准，市场可分为商品市场、劳动服务市场、金融市场、技术市场和信息市场等。

商品市场又可根据交易对象的使用价值分为生活资料市场和生产资料市场。生活资料是作为生产的结果进入流通领域，转移到个人消费者手中，最后经过生活消费创造出人的劳动能力及生活能力的物质资料，如粮食、棉布、丝织品和食盐等。生产资料指在市场活动中作为生产的结果进入市场，通过买卖转移到另一个生产单位，被当作生产的物质要素而消耗的物质资料，如土地、农具、棉花、蚕丝、桑叶等。生产资料市场的发展往往被视为商品经济发展水平的一个重要标志。

劳动服务指通过提供服务性的劳动、场所及设施，满足消费者需要的活动。它一般不涉及商品实体的转移，只是一种劳务的交换关系。雇佣劳动一向被视为资本主义生产关系的核心。劳动者能否自由地出卖劳动力而形成劳动力市场、其发育程度如何，向来受到"中国资本主义萌芽"研究者的

---

① 参见许檀：《明清时期城乡市场网络体系的形成及意义》，《中国社会科学》2000年第3期。

重视，被视为"资本主义萌芽"产生的标志。实际上，中国古代除大规模的天灾人祸之后，从来都不患劳动力供应不足，劳动力的人身依附也不是太强烈。早在战国时期，农业生产中就存在雇佣劳动，故学界对"中国资本主义萌芽"产生的时间争论不已，从汉至唐、宋，均曾有人坚持。明初废除主佃条例开始了雇工人身解放的过程，清代自由雇工已很普遍，也就是说自由劳动力要素市场已初步具备。在这种情况下，似乎"资本主义萌芽"已遍地皆是。但需要注意，自由劳动者的存在是一回事，他们受雇于谁是另一回事，劳动者只有受雇于资本方才算作资本主义的生产关系。明清以来，自由雇工大部分受雇于佃农、自耕农、富农和地主，不应将其视作资本主义的经营方式。明中叶以来，从事商品生产的手工业逐步发展，拥有一定资本的工场主、作坊主雇工生产的现象明显多于前代，在江南地区的纺织业及采矿、冶铁等行业中尤为突出。这才是真正具有新的内涵的历史进步，也是劳动力生产要素市场真正的历史进步。①

　　金融市场是指进行资金融通的市场，在近代以前发育很不健全，只有典当、高利贷等形式及钱庄、票号之类机构调节资金周转，近代以后方才出现了新式银行。技术市场和信

---

① 参见齐涛主编《中国古代经济史》，山东大学出版社，2016，第351－353页。

息市场在清代至多只是处在萌芽阶段。

在以上各类专业市场中，土地市场最为重要，对中国社会变迁影响甚大；钱庄、票号和银行比较常见，故专门对其做一介绍。

（一）"千年田换八百主"：土地市场的演进

宋光宗绍熙五年（1194 年），任福建安抚使的辛弃疾欲致仕，儿子以他尚未在乡里置田产而加以劝阻。辛弃疾作《最高楼》词予以斥责："千年田换八百主，一人口插几张匙？"[①]"千年田换八百主"之语，生动反映了传统社会中土地产权转移的频繁或土地市场的发达。

中国传统的土地市场萌芽于春秋战国时各诸侯国对土地私有的承认。秦国商鞅变法，废除井田制，允许土地买卖，从法律上确认了土地交易的合法性。战国时期，土地买卖还比较稀疏。西汉前期，贵族官僚及新兴的商人阶层兼并土地之风很盛。汉初名相萧何就被人指责强行贱买民田数千亩。《汉书·陈汤传》称关东富人千方百计谋求良田。汉代数学著作《九章算术》中有不少关于细碎土地买卖的算题，反映了当时土地交易的频繁。到汉武帝时，实行盐铁官营和均输平准等政策，使初兴的职业商人阶层一蹶不振，直到南北朝

---

① 辛弃疾：《稼轩词编年笺注》（定本）卷三《七闽之什》，邓广铭笺注，上海古籍出版社，2007，第344页。

时期都未能重整旗鼓，卷土重来。

魏晋南北朝时期，世家大族大量圈占田地后，多不再将其投入市场，地权交易较为滞缓，造成了土地市场的萎缩。梁武帝萧衍是中国历史上有名的崇佛皇帝。一次，他看中了某寺院旁的80余顷良田，想买下来捐给寺院。该土地属于琅琊王氏的王骞。皇帝派人找他商量购田之事时，王骞不做任何解释，断然拒绝，称："这片土地不卖。若是你皇帝强取，那我没有办法。"皇帝十分愤怒，"遂付市评田价，以直逼还之"。从北魏孝文帝直到唐德宗时，国家推行均田制，虽未完全堵死土地交易的可能性，但极大限制了土地进入市场的范围，使土地买卖数量与交易频次均相对有限。

中唐以后，均田制被破坏，加上商品经济的发展，土地市场日渐活跃。唐人有诗反映了这一现象，曰："多置庄田广修宅，四邻买尽犹嫌窄。"① 贞元年间，宰相陆贽上《均节赋税恤百姓六条》，称当时百姓一旦遇到大的困难就要出卖土地，富者兼并土地数万亩，贫者却无容足之地。

宋代不立田制，不抑兼并，确立了比较完全、比较自由的土地私有制，由此打开了土地买卖的闸门，使土地交易得到了迅猛发展。贵族、官僚、地主仍然是土地买卖的主力，

---

① 范摅：《云溪友议校笺》卷下《蜀僧喻》，唐雯校笺，中华书局，2017，第188页。

农民也广泛参与土地买卖。宋人袁采说当时"贫富无定势，田宅无定主，有钱则买，无钱则卖"[①]。

明清时期，土地市场有了新的发展，主要表现在：一是地权转移的高频率与零细化。小农家庭与地主家庭纷纷卷入土地买卖，交易频繁且零碎。如安徽休西胡玄应家从明穆宗隆庆元年（1567 年）到明思宗崇祯十年（1637 年）的 70 年间，共买进土地 110 笔，绝大多数是几分地，甚至几厘地，一亩以上的只有 9 笔，最大的一笔不过 11.9 亩。110 笔合计纳税地亩只有 44.875 亩，平均每次交易 0.4 亩。[②] 二是地权交易形式的多样化。土地与一般生活消费品不同，不是一次性消费品，而是可以多次重复消费，并通过劳动使其使用价值增加。由此，除完整的土地产权交易外，宋代以后出现了多种只转让部分权益的交易形式，如允许原主可以回赎的活卖、以土地为抵押获取高利贷的抵当、地主向佃农收取押金才转让土地经营权的押租等。这些形式推动了更多土地进入市场。三是地权与资本的相互转化。在中国传统社会中，最常见的情况是富商巨贾往往用经商所得购买土地，事例不胜枚举。明清时期出现了新情况，有人将

---

① 袁采：《袁氏世范》卷三《治家·富家置产当存仁心》，刘云军校注，商务印书馆，2017，第159页。

② 参见许涤新、吴承明主编《中国资本主义发展史》第一卷，人民出版社，1985，第55页。

出卖土地所得直接或间接地用于商业经营。明代濮州人刘滋世卖田 20 余亩还债，以所余 10 两白银经商，20 年后成为巨富。明武宗正德十年（1515 年），歙县人汪廷寿因买卖缺少本钱，卖田 0.62 亩，得银 5 两；清圣祖康熙二十六年（1687 年），休宁人胡率之将自己亲手所置田产卖与堂弟，原因是开店缺少资本。

中国历史上很早就允许土地交易，土地市场长期存在和活跃，是中国传统市场不同于西欧市场的一个重要特征，对中国历史尤其是社会经济的发展产生了重要影响。

土地是传统社会中最重要的生产资料，收益相对稳定，且作为财产"不忧水火，不忧盗贼"，由此吸引着官僚、地主和商人往往把财富投入土地市场；商业经营虽有风险，但获利较大，放高利贷利息更高，所以到了传统社会后期，有一些人将土地卖掉，转而经商或放高利贷。这造成了地主、商人和高利贷者三位一体或地租、商业利润和高利贷利息的自由流动与相互转化，既使他们始终可以把财富投入最有利的方向，保证了收益的最大化，也使土地、商业资本和高利贷资本相互支撑，保证了它们的共同发展，为传统的政治统治造就了一个强大的经济基础。①

　① 参见方行：《中国封建社会的土地市场》，《中国经济史研究》2001年第2期；齐涛主编《中国古代经济史》，山东大学出版社，2016，第358-359页。

（二）从钱庄、票号到银行

随着商品经济的发展，货币流通在数量上越来越大，在复杂程度上越来越高，这就需要一些金融机构来办理货币的流通、汇兑等事务。传统社会中主要的金融借贷、汇兑机构是钱庄和票号，近代出现了受西方影响按现代企业制度建立的经营货币信贷业务的金融企业银行。它们为货币流通提供了诸多便利，都有利于商业的发展。

欧洲的银行从十五六世纪的货币兑换起步，发展出了存放款和汇兑业务。在日本金融界迄今仍有举足轻重地位的三井，亦发端于 17 世纪初的江户时代，其业务从兑换发展为存贷。中国土生土长的钱庄、票号等金融机构虽与之同时具备了银行的基本职能和雏形，并形成了许多行之有效的制度，但最终没有发展为近代银行。这种同途而殊归的现象值得深入思考。[①]

1. 钱庄

钱庄，又叫"银号""钱铺""钱店"，是明清时期的一种金融信贷机构。明中后期到清乾隆中期，钱庄的业务主要是银钱汇兑；乾隆中期以后，开始办理存放款业务。

钱庄起源于经营银钱兑换的钱摊。明英宗正统元年

---

① 参见《中国经济史》编写组编《中国经济史》，高等教育出版社，2019，第108页。

19世纪末的上海钱庄

（1436年），开始实行银两和铜钱两种货币并行的制度。由于它们的使用范围不同，国内贸易与居民生活存在两种货币兑换的需求。嘉靖至万历年间，产生了兑换银钱的钱庄。具体经营方式是先买入铜钱，再收进银两，兑出铜钱，通过赚取银钱比价差额牟取利润。商人在买卖时，不仅可以用钱庄签发的由其支付金额的庄票支付货价，而且可以到期转换或收换银钱。

清代钱庄有了进一步发展。乾隆中期，钱庄业务的发展已超出简单货币经营业的范围，初步向信贷机构过渡。它还发行钱票，在一定范围内流通，可异地支付，起着代替货币职能的作用。乾隆年间，上海钱庄的数量和规模已很可观。清高宗乾隆四十一年（1776年），上海设立了钱业公所，当时有石源隆、三泰源等25家钱庄承办公所事务。此后20年间，承办公所事务的钱庄数量增加迅速，达到106家。嘉庆初年，上海钱庄发展到 124 家。[①]

1860 年以后，钱庄业务又有扩展，开始为进出口商人提供信贷，在口岸本地使用庄票，在口岸与内地之间使用汇票。前者是钱庄签发的本票，可代替现金在市面流通，也被洋行接受，是钱庄向华商提供信用的工具。后者是钱庄对委托汇款者签发的汇款支付书，即收款人收取款项的凭证。这能在一定期限内给予商人以调度资金的便利，促进了中外贸易的发展。

在钱庄业，宁波商人的势力很大，在上海尤为突出。大约从 19 世纪 20 年代开始，宁波商人在钱庄中已发明了"过账制度"，凡与钱庄有往来关系的商人在买卖成交时，不论其数值大小如何，只需要到钱庄去记账，即各行业的资金收支从使用现金改为借助钱庄进行汇转，无须经手现金。这一制度是近代金融制度的核心，宁波商人在世界上首开先河。

钱庄之间庄票的清算方法最初大抵是各自直接划抵，1890 年前后，上海钱庄创造了一种"公单制度"，即每天下午两点，各汇划庄汇总其应收之庄票到出票钱庄换取公单，四点以后，各钱庄齐集"汇划总会"，互相核算，出入相抵，奇尾零数则以现金清偿，其整数则由钱庄另行出票实行划

---

① 参见《嘉庆二年钱业承办祭业各庄名单碑》，载上海博物馆图书资料室编《上海碑刻资料选辑》，上海人民出版社，1980，第254~255页。

账。这实际上就是各钱庄之间初步实行的票据交换制度。

19世纪60年代以后，中国金融市场屡次发生金融风潮和金融恐慌，对钱庄造成了一次次打击，使钱庄倒闭亏空者甚多。仅以上海为例，1900年，可发行银票和钱票、办理存放款及汇划签发庄票和汇票业务的汇划钱庄尚有91家，但1912年就只剩28家了。

钱庄的汇兑业务也因币制改变而消失。宣统二年（1910年），颁行《币制则例》24条，确定以银圆为国币的本位制，银两和制钱兑换业务受到很大影响，但仍有部分钱庄经营银钱兑换业务，改称"银钱兑换所"。民国初年，各大银行发行以银圆为单位的银行券，并停止铸造制钱，银钱兑换最终消失。北洋政府时期，钱庄业曾短暂地摆脱清末的颓势，有所恢复，其经营范围还从流通流域扩展到生产领域，为新式企业提供了一些资金，但其在现代银行的挤压下，利润率还是不断下降，到抗战前已走向没落。[1]

2. 票号

票号，又称"票庄""汇号"或"汇兑庄"，是清代到民国时期以经营汇兑业务为主的金融信用机构，为不同地区

---

[1] 参见黄鉴晖：《中国钱庄史》，山西经济出版社，2005，第28-152页；张国辉：《晚清钱庄和票号研究》，社会科学文献出版社，2007，第1-173页；吴松弟主编《中国近代经济地理》第一卷，华东师范大学出版社，2015，第358-362页。

间资金调拨服务，起着促进商品流通的积极作用。

中国最早的票号是山西平遥的日升昌票庄，成立于清宣宗道光三年（1823年），由日升昌颜料庄演变而来。在票号产生的早期阶段，从业者几乎全是山西商人，其中尤以平遥、祁县、太谷三县的商人最多，实力最强。后来江浙商人和云南商人也开设票号，称为"南帮票号"，实力远不及山西票号。

票号的发展经历了三个阶段。从道光年间产生到19世纪50年代末，是初步发展时期。票号出现后，由于信誉良好，组织结构严密，存款安全隐密，获得了迅速发展。1860年票号达到24家，分支遍及各重要商业城镇。营业对象最初主要是商人，到太平天国时期，开始承办清政府官款的汇兑，为之大发展奠定了基础。

19世纪60年代到90年代是票号发展的黄金时期。票号突破山西帮垄断，南帮票号不断增设。活动区域延伸到全国边远地区，尤其是向对外通商口岸扩展。票号最盛时，山西有总号30余家，全国各地设分号400余所，以北京、天津、上海、汉口和重庆最为繁盛。国外如日本东京、俄国莫斯科、印度加尔各答以及新加坡等地也设有分号。票号进一步密切了同政府间的联系，成为其财政支柱。清政府为弥补亏空而增加税收，举借内外债，大都经过票号，并依靠票

号将款项从各地汇拢起来，又输往京师户部、西北西南用兵各省。

从1900年到1911年是票号盛极而衰的时期。1900年"庚子之役"中，慈禧西逃，银钱、衣物等极其匮乏，票号全力予以资助。事后清廷对票号更加信任，所收各种款项大部存于票号。票号生意尤为兴盛。20世纪初，由于银行势力迅速扩张，尤其是辛亥革命后，清政府这个最大主顾倒台，票号遭遇发展困境。票号又墨守成规，经营方向不能适应时代发展需要，未能筹组新式银行，故在竞争中逐渐败下阵来，日趋没落。①

山西票号在近百年的发展中，在继承旧式金融组织经营之道的基础上，形成了较为完备的管理制度。

首先是汇兑制度。汇兑是汇款者委托票号将其款项支付给收款者的结算制度。晋商票号的汇兑方式主要有票汇、信汇和电汇。票汇是最常用的一种方式，即以汇票的形式办理异地资金的汇兑。汇票有严密的密押，可防止伪造。信汇是采用书信的方式进行汇兑，一般适用于与票号交往较多、汇兑款项比较大的客户。电汇是在光绪中叶邮电事业取得发展的情况下开办的，有自编之密码，对日期、平色、数目等均

① 参见马敏、朱英等：《中国经济通史》第八卷下册，湖南人民出版社，2002，第555—559页。

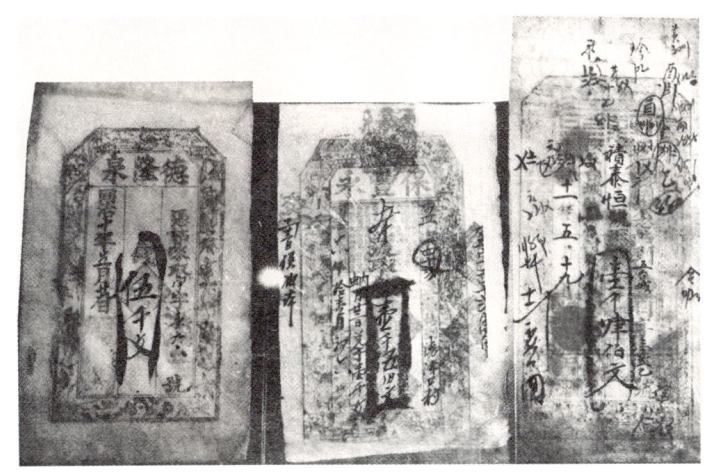

山西票号汇票

能用一两个字代替，简便迅速，给票号各分号之间紧要事件的联系、传递市场行情等带来了极大的便利。山西票号的出现，使中国的货币清算制度发生了深刻的变化，即从运送现银为主的结算方式逐渐过渡到以汇兑为主的结算方式。这有利于节约社会劳动，标志着中国金融汇兑制度的创立和成熟。

其次是总分号制度，即财东独资或合资办票号，其总号设于山西，下于全国各大商埠设若干分号，总号与分号之间、分号与分号之间是相互联系、相互支持的关系。由于晋商在长期的远途贸易中设立了广泛的商业网络，总号成立后，票商迅速、方便地将这些分支机构改造为分号，这样，票号就有了总分号制的特征。资本一般都存放在总号中，

总、分号间可直接通汇或调度资金，并互相接济，灵活运用资金。

再次是资本的筹集和运作制度。票号投资较大，创始资本从数万两到二三十万两不等，因此多为合伙组织，也有独资经营的。东家对组织负无限责任，分号经理甚至其家族对总店也负无限责任。票号一般每三年结一次账，按照投资时各人所入股份分红。票号创立的公积金和风险金的提留制度等也具有超前性，保证了资本的充足率。[1]

3. 银行

银行是按照现代企业制度建立的经营货币信贷业务的金融企业。

中国境内最早设立的银行是外国在华银行，时间在19世纪40年代。清宣宗道光二十五年（1845年），英国丽如银行在香港设立分行，在广州设立分理处，成为在中国设立的最早的外国金融机构。到19世纪50年代末，有五家英国银行先后设立了14个分支机构。它们的业务大同小异，都以中外贸易为服务对象，进行商业结算、汇兑及商业性存款和放款。

清穆宗同治三年（1864年）创立的汇丰银行是把总行

---

① 参见吕建锁：《浙商钱庄与晋商票号的信用制度比较研究》，中国社会科学出版社，2013，第119-125页。

设在中国的第一家外国银行，其香港总行和上海分行分别于次年的 3 月和 4 月开始营业。后来，该行用了 30 年时间在中国建立起一个北起京、津，南临海口，从上海、广州、台湾到汉口、九江的金融网，业务主要包括国际汇兑、吸收存款、商业贷款和对清政府的军事政治贷款等。

19 世纪 60 年代后，法、德、日、俄、美等国银行纷纷进入中国。从总体上看，它们始终是一支重要的金融侵略势力，凭借不平等条约的保障，在华经营存贷款、把持汇兑、发行钞票、投资企业，并通过对中国政府贷款等，试图在金融上控制中国。

清德宗光绪二十三年（1897 年），中国人自己创办的第一家银行——中国通商银行在上海成立。该行名为商办，实际上是盛宣怀利用和依赖清政府的势力创办起来的。它的内部管理仿照汇丰银行，用人、办事均以汇丰银行的章程为准则。业务几乎包括了除国际汇兑以外的所有银行业务，存款主要来源于户部等政府机构和官督商办企业，私人工商业资本和社会存款较少。放款对象主要包括官督商办企业、外国银行、洋行、钱庄等。①

清德宗光绪三十一年（1905 年）九月，清政府在北京

---

① 参见吴承明、江泰新主编《中国企业史·近代卷》，企业管理出版社，2004，第173-178页。

位于上海外滩的中国通商银行

开办户部银行；清德宗光绪三十四年（1908 年）七月改称
"大清银行"。这是近代中国的中央银行，也是清末最大的
一家华资新式银行。除一般银行业务外，有铸造硬币、发行
纸币、代理国库等特权。到宣统三年（1911 年）六月，大
清银行在各地设立分行 21 家，分号 35 处。北洋政府时改为
"中国银行"。

清德宗光绪三十四年（1908 年），邮传部奏准成立交
通银行；目的是办理轮船、铁路、电报、邮政的一切款项收
付，包括存款、汇兑、借款等业务，以便集中资金妥为营
运，避免依靠举债备受外国金融盘剥之苦。

为缓解财政困难，各省纷纷仿照中央设立官银钱号等省级地方银行。清德宗光绪三十二年（1906 年），随着上海信成银行的设立，中国私营银行开始发展，如四明银行、浙江兴业银行等，其中上海的买办是积极投资与创办新式银行的一个十分活跃的阶层。截至 1911 年，中国共设立 30 家华资新式银行，其中 13 家为官办和官商合办。新式银行的发展在推动工商业发展等方面起到了积极作用。①

四、茶马古道与边疆商贸市场的发展

茶马古道指中国西南边陲的古道。由于唐宋以来在该古道上贸易的商品主要是茶和马，故称。茶马古道的基本路线主要位于四川、云南、西藏境内，并可辐射广西、贵州、甘肃、青海、新疆等，国外可直接到印度、尼泊尔、锡金、不丹和东南亚的缅甸、越南、老挝、泰国，再向外围扩展可延伸到南亚和西南亚的一些国家。茶马古道主要有南、北两条主干线，即滇藏道和川藏道。滇藏道南起云南茶乡普洱，经下关、丽江、维西、中甸（今云南香格里拉）、德钦，西进西藏拉萨，又经亚东，越过喜马拉雅山口，经印度噶伦堡到加尔各答。川藏道以今四川雅安一带产茶区为起点，首先进

---

① 参见吴松弟主编《中国近代经济地理》第一卷，华东师范大学出版社，2015，第362-366页。

入康定，在这里又分成北、南两条支线：北线从康定向北，经道孚、炉霍、甘孜、德格、江达，抵达昌都（即今川藏公路的北线），再由昌都通往卫藏地区；南线则是从康定向南，经雅江、理塘、巴塘、芒康、左贡至昌都（即今川藏公路的南线），再由昌都通向卫藏地区，国外则到达尼泊尔、印度和克什米尔地区。①

茶马古道的起源可追溯至唐朝。当时，茶叶和饮茶之风传到青藏高原。由于茶具有化食助兴和解脂提神的功能，很快成了吐蕃人不可缺少的饮品。藏区不产茶，所需茶叶全赖内地输入，但唐朝拥有大面积的养马草场，战马来源问题并不突出。汉藏间茶马贸易与茶马古道的大规模开通与兴起应在宋代，亦即吐蕃王朝的分裂时期。此时饮茶习俗已逐渐普及，造成藏区对茶叶需求量的骤增，而宋朝为对抗辽、夏、金的侵扰，需要大量战马。彼此的急迫需要催生了茶马贸易的兴盛。宋人黄彦平的诗句"蜀茶互市入西番，番马来嘶渭水寒"②就是对当时茶马交易的生动描述。北宋时官府用川茶交换藏区的马匹每年达 2 万匹以上，南宋时达 1 万匹以上。两宋时期四川年产茶 3000 万斤中至少 1500 万斤以上销

① 参见张永国：《茶马古道与茶马贸易的历史与价值》，《西藏大学学报》2006年第2期。

② 黄彦平：《三余集》卷二《欢喜口号》，民国六年南城李之鼎宜秋馆刻本，第11页a。

往藏区。[1]

崛起于北方蒙古高原的元朝不乏战马，故仅收茶叶课税，并不以茶易马，官方的茶马互市不复存在。由于青藏高原上的民众早已离不开茶，茶叶继续从四川等地沿着先前的通道源源不绝输入藏区。当时，销往藏区的茶开始形成一种新品种，即"西番茶"（今称"马茶"），因其味苦涩，适宜制酥油茶而深受藏区民众喜爱。

明代继承了宋代垄断茶叶和以茶换马的政策，茶叶来源地从四川、陕南扩展到湖南，以川茶为主、湖茶为辅，所换马匹来源主要依赖甘青安多地区。为强化茶叶在汉藏之间的联系作用，明宪宗成化六年（1470年）明令西藏僧俗官员入贡由四川路进入。自此，川藏道成为入藏正驿，集贡道、官道为一体，成为茶叶输藏的主要通道。明代是汉藏茶马贸易的极盛期，仅从其贸易数量就可见一斑。1490～1601年的百余年中，仅四川、陕西等地行销甘青藏区的茶叶，就有30万到80万斤。[2]

清康熙以后，茶马互市逐渐停止，但藏区对茶叶的需求有增无减。清廷逐渐放松对藏区茶供应的限制，使茶叶大量输入藏区，带动了汉藏贸易的全面发展。除往藏区大量运销

---

① 参见石硕：《茶马古道及其历史文化价值》，《西藏研究》2002年第4期。
② 参见陈光国：《青海藏族史》，青海民族出版社，1997，第325页。

茶叶外，清王朝还不断维护和增修原先的道路，尤其是川藏之间的道路成为汉藏交流的主道路以后，政府在沿途建立驿站塘汛，过去以茶马互市作为主要内容的贸易通道，商品种类逐渐多样化，茶马互市之道已成为马帮托运茶、羊毛、鞋靴、牛羊皮、哈达、麝香、烟草、虫草、红花等各种商品的通道。北宋中期到清代早期的茶马交易古道，在清代中期和近代已蜕变为以茶叶为主的多种商品的贸易之道。抗日战争期间，特别是 1942 年滇缅交通线被日军完全切断后，茶马古道再度受到重视，成为大西南后方主要的物资运输和贸易往来通道，为中华民族的抗战做出了不可磨灭的贡献。

茶马古道是连接内地与西南地区、西南边疆与南亚和东南亚一带商贸联系的重要环节，对西南边疆商贸市场的发展产生了重要影响。

首先，吸引了大量的从商者聚集，推动了西南地区商帮的形成。从地域看，比较有名的是鹤庆帮、腾冲帮和喜洲帮。从民族成分看，有白族商帮、回族商帮和纳西族商帮。各商帮的实力不断增强。抗日战争结束时，一些商帮逐渐出现了拥有雄厚资金的商人，纳西族商帮中著名的"习王李赖"四大家每家拥有的资产都超过 50 万元。由于西南地区特殊的地理环境，当地运输多靠骡马，由此西南各商帮都有自己的马帮，形成了颇具特色的"赶马行商"模式。

其次，促进了沿线商业城镇与西南边疆市场的发展。明清以后逐步形成了一个以丽江、下关为商贸中转站的滇藏川交界区域中心市场，包括云南的德钦、中甸、维西、永宁，西藏的芒康、昌都、盐井和川边的里塘、得荣、康定、巴塘、木里等地方市场，辐射整个滇、藏、川、康交界边区，并且以下关为外联缅印、东接昆明的枢纽，形成了康藏地区货物转输或出口海外的商贸市场。①

打箭炉是输藏川茶的集散地和川藏道的交通枢纽，后来迅速发展成一个商贾云集的城市，出现了专营茶叶的茶叶帮，专营黄金、麝香的金香帮，专营布匹、哈达的邓布帮，专营药材的山药帮，专营绸缎、皮张的府货帮，专营菜食的干菜帮，以及专营鸦片、杂货的云南帮等。1908年，打箭炉厅改为康定府。昌都既是川藏茶路与滇藏茶路的交会处，又是川藏南、北两路到拉萨汇经之地，各地茶商云集，迅速成为"口外一大都会"。丽江"乃滇省迤西商业交通之重镇"，民国时出现了极为繁盛的局面，时人称："丽江市镇，纵横四五里，房屋栉比，人烟稠密，市之中心有四方街者，为最繁盛之所。沿街多堆集碗糖、盐块，以及洋货、布匹等物求售。彼等顾客除本地人外，则以康、藏人为最多……每年当

---

① 参见蓝勇：《明清西南丝路国际商贸研究》，《西南民族学院学报》1993年第3期。

七八月之交，例须举行骡马会。康、藏商贾云集，名驹绝足来自远方，吉日良辰，驰骋乎广野之间。"①

五、丝绸之路与国际市场的开拓

中国历史上的丝绸之路有陆上丝绸之路和海上丝绸之路之分，均对中国古代国际市场的开拓发挥了重要作用。

（一）陆上丝绸之路

陕西、山西、山东、河北等地的不少博物馆中，往往会展陈北朝至唐代墓葬中出土的骑驼或牵驼胡俑；中古墓葬出土的画像石上及敦煌、龟兹石窟壁画中，常绘有驼运商队的场面。这些都是对中古时期活跃于陆上丝绸之路的胡商的真实写照或再现。

陆上丝绸之路简称"丝路"，指中国古代经中亚通往南亚、西亚以及欧洲、北非的陆上商业贸易通道。它形成于公元前2世纪到公元1世纪间，至16世纪仍旧使用。因大量中国丝和丝织品多经此路西运，故称。"丝绸之路"这一名称是由德国地理学家李希霍芬（F. Richthofen）在1877年首先提出的，原指两汉时期中国与中亚、印度之间以丝绸贸易为媒介的交通路线。其后，德国历史学家赫尔曼在《中国和

---

① 马大正主编《国民政府女密使赴藏纪实：原名〈康藏轺征〉》，民族出版社，1998，第134-136页。

叙利亚之间的古代《丝绸之路》一书中提出把丝路延伸到地中海西岸和小亚细亚，确定了其基本内涵。

敦煌张骞出使西域壁画摹本

"丝绸之路"的名称产生虽晚，但它所指称的这条贸易通道却很早就已存在。汉代以前，中国丝绸已经西北各民族之手少量地辗转贩运到中亚、印度。西汉武帝时，派张骞出使西域，丝绸之路得以畅通，大量丝帛锦绣沿此路不断西运，同时西域各国的"珍奇异物"也输入中国。此后，王莽当政时和东汉时期，西域虽几度因政局波动暂与汉朝中断联系，但商业往来未受很大影响。东汉和帝永元九年（97年），甘英受命出使大秦（罗马帝国），最终抵达安息西界的西海（今波斯湾）沿岸，成为史书所载第一个到达波斯湾的中国人。他虽未能到达罗马帝国，但罗马商人自此却顺着这条丝绸之路来到洛阳，标志着丝绸之路真正贯通，成为欧亚大陆便捷的经济和文化交流通道。

后世各朝，丝路上的东西交往进一步繁荣。唐代诗人张籍的《凉州词》生动描绘了当时丝绸之路的繁忙：

边城暮雨雁飞低，芦笋初生渐欲齐。

无数铃声遥过碛，应驮白练到安西。[①]

唐都长安、洛阳及其他重要都市都有大量商胡，呈现出国际都会的风貌。从 9 世纪末到 11 世纪，东西方海上往来逐渐频繁起来，加之丝路贸易的安全难以保障，

河南唐墓中的胡商牵驼壁画

这条陆上通道的重要性慢慢降低。元朝时，东西驿路通畅，丝路又繁兴一时。明朝采取闭关政策，虽出嘉峪关经哈密去中亚的道路未断，但陆上丝路作为中西交通路线已远不如海路重要了。

陆上丝绸之路绵延 7000 余公里，在中国境内约有 1900 公里。其基本走向奠定于两汉时期，大致东起汉代长安，出陇西高原，经河西走廊到达敦煌；再由敦煌西出阳关或在玉

① 张籍：《张籍诗集》卷六《凉州词》，中华书局，1959，第75页。

门关分为南、北两道。南道自阳关出发进抵楼兰，沿塔克拉玛干沙漠南缘和昆仑山北麓西行，经且末（今新疆且末南）、于阗、莎车、蒲犁（今新疆塔什库尔干），出明铁盖山口，沿兴都库什山北麓喷赤河上游西至大月氏、安息（今伊朗）等地。另外，自南道还可由莎车前往罽宾国（今克什米尔）及乌弋山离（今阿富汗西北部的赫拉特一带）。北道则沿天山南麓西行，自玉门关西出过白龙堆（罗布险滩）至楼兰，经车师前王庭、焉耆、龟兹（今新疆库车）、姑墨（今新疆阿克苏）至疏勒（今新疆喀什）。由此通过捐毒（今新疆乌恰西北）翻越帕米尔高原抵大宛，由大宛西北行至康居、奄蔡。从康居南下，也可抵大月氏和安息。① 隋唐时期，又开辟了从瓜州北玉门关经伊州、北庭、轮台，越伊犁河至碎叶进入中亚的道路，即北新道。在上述干线外，还有许多支路。随着不同时代政治和宗教形势的演变，各路线的重要性也不同，且不断有新的道路开辟。因此，丝绸之路并不是一条明确的路，而是一个通道，或是一个交流带。这个通道是东起中国，西达欧洲，连接欧亚大陆的交通带。

丝路贸易的利润十分丰厚。以唐开元天宝年间的绢和大练为例，长安一匹绢值 210 文钱，大练价格相当，至河西一

---

① 参见陈尚胜：《五千年中外文化交流史》第一卷，世界知识出版社，2001，第64页。

般中等价格大练每匹 460 文，大生绢每匹 465 文，从长安至
凉州约 1700 公里，价格提高一倍以上是正常的；再直线向
西约 1300 公里到国际丝绸集散地西州，价格只是略有上涨。
从西州再往西向中亚、西亚，丝织品的价格显著上升。据阿
拉伯史学家塔巴里介绍，706 年阿拉伯人占领沛肯获得 5000
匹中国生绢，值百万银钱，每匹绢值 200 银钱，比西州物价
（460 文换算后不到 15 银钱）要高得多。经过波斯人的操纵、
哄抬以后，东罗马拜占庭普通丝织品已与黄金价格相当。①
高额利润吸引着东来西去的中外商贾，最突出的是中亚的粟
特人，其从事贯穿整个丝绸之路的远程贩运，足迹遍东西，
乘驼马、渡流沙，成为"亚洲内陆的腓尼基人"。粟特人生
了儿子，一定会让他嘴里吃上蜜，在他手里放上胶。这是寄
托一种希望：儿子长大以后，说话动听，拿钱时像胶一样，
不轻易放手。20 岁左右，他们便离家奔走于丝绸之路上。

　　陆上丝绸之路是古代东西方商贸往来的重要通道。通
过这条道路，中国的丝绸、茶叶、瓷器、漆器等物品传入西
方；西方的胡麻、胡桃、胡萝卜、胡瓜、葡萄、石榴、琥珀
等传入中国。早在波斯阿赫门王朝时期，伊朗就已经与中国
通过丝绸之路进行贸易往来。他们除进口丝绸外，还进口生

---

① 参见殷晴：《唐代西域的丝路贸易与西州商品经济的繁盛》，《新疆社会
科学》2007 年第 3 期。

丝，然后用萨珊传统的纺织方式进行再加工。萨珊王朝的丝织品图案十分精美，深刻地影响了拜占庭和中亚。

陆上丝绸之路不仅是东西商业贸易之路，而且还是中国和亚欧各国间政治往来、文化交流的通道。中国的"四大发明"通过丝绸之路在欧洲近代文明产生前陆续传入西方，成为资本主义生产方式发展的必要前提。中国的纺织、制瓷等工艺技术，绘画等艺术手法，儒家、道教思想，也通过此路传向西方，或多或少地给某些国家以影响。3～8世纪的中亚地区形成了一些重要的艺术中心，其作品受到希腊和罗马文化与艺术影响，而萨珊王朝的城市建筑兼容了东西方文化的特点。西方的音乐、舞蹈、绘画、雕塑、建筑等艺术，天文、历算、医药等科技知识，佛教、祆教、摩尼教、景教、伊斯兰教等宗教，都通过此路传来中国，并产生了广泛影响。丝绸之路至今仍是东西方友好交往的重要象征。[1]

丝绸之路是人类文化交流史上规模空前宏伟、持续时间最久远的陆上交通大动脉，由其体现的"和平合作，开放包容，互学互鉴，互利共赢"的精神千百年来薪火相传，推动了人类文明进步，是促进沿线各国繁荣发展的重要纽带，是东西方交流合作的象征，是世界各国共有的历史文化遗

---

[1] 参见《中国大百科全书》总编委会编《中国大百科全书》（第二版）第21册，中国大百科全书出版社，2009，第45-47页。

产。①2013年，中国提出了共建"丝绸之路经济带"的重大倡议，得到有关国家的积极响应，古老的丝绸之路将焕发新的生机，发挥更大的作用。

（二）海上丝绸之路

2007年12月22日，广东阳江南海海域，一艘南宋古沉船被整体打捞出水，被命名为"南海一号"。该船长30多米，宽约10米，高近4米，是目前为止世界上发现的海上沉船中年代最早、船体最大、保存最完整的远洋商船。它当时应该是在驶往东南亚或中东地区贸易的途中沉没的，船舱内有6万～8万件文物，以瓷器最多，既包括福建德化窑、景德镇窑和龙泉窑系的精品，也有大量的日用瓷器，充分反映了南宋时海上丝绸之路贸易的规模之大。

"南海一号"南宋沉船出土的龙泉窑青釉刻画花纹碗

海上丝绸之路简称"海上丝路"，是古代中国与世界其他地区进行经济文化交流的海上通道的统称。相对于"丝绸之路"的命名来说，

① 参见国家发展改革委、外交部、商务部编《推动共建丝绸之路经济带和21世纪海上丝绸之路的愿景与行动》，人民出版社，2015，第1页。

"海上丝绸之路"的提法出现更晚，直到 1913 年才由法国东方学家沙畹在其所著的《西突厥史料》一书中首次提及。1967 年，日本学者三杉隆敏出版《探索海上的丝绸之路》一书，正式使用这一名词。"海上丝绸之路"名称的出现虽晚于"丝绸之路"，但其延续时间更长，覆盖的区域更广，与世界各国、各族人民交往和影响更深。

海上丝绸之路是在大陆文明东渐与河海文明交互影响的过程中逐渐形成的，经历了漫长而且线路不断变化、反复的过程。它由两大干线组成，一条是东海航线，也叫"东方海上丝路"，即由中国通往朝鲜半岛、日本列岛的东海航线；另一条是南海航线，也称"南海丝路"，即由中国通往东南亚及印度洋地区的南海航线。

东方海上丝路萌芽于春秋战国时期的齐国，秦汉时期开始成熟。秦始皇派方士徐福渡海寻仙药拓展了齐国人开创的海上航线。汉至隋唐，东方海上丝路一直通畅，具体路线是从山东半岛的登州（今山东蓬莱）出海，经庙岛群岛到辽东半岛后，再沿海岸线南下至朝鲜南部沿海，过日本对马岛抵九州。这一时期，朝鲜半岛诸国、日本与中国的官方往来，包括商贸活动都依赖这条航线。据日僧圆仁撰《入唐求法巡礼行记》一书，唐代有许多民间商船活跃在中国、朝鲜半岛、日本之间的海上航线上。朝鲜半岛上的新罗人张保皋曾

依靠这条航线建立了覆盖东亚地区的商业网络。宋代因战争影响，民间海上贸易受到严重干扰和阻塞，但官方的朝贡贸易和海上往来依然繁荣。

南海丝路起源于西汉时期广东的徐闻港，兴盛于唐时的广州港。到元朝时，泉州成为当时全国第一大港，也是南海丝路的典型代表。南海丝路航线最早是从徐闻、合浦出发，经南海进入马来半岛、暹罗湾、孟加拉湾，到达印度半岛南部的黄支国和今天的斯里兰卡。宋元时期，这条丝路继续向西、向南延伸，活动范围大为扩展，与非洲各国有了新的联系与交往。这一时期，沿海各港口空前繁荣，很多都开通了通往东南亚、南亚，直到中东、西亚的航线。

明朝时，海上丝绸之路的南北航线达到最大限度地交融，郑和率领的庞大船队二十余年间七下西洋，遍访亚非三四十个国家，开创了中国远洋航海的新时代，也使海上丝绸之路达到极盛。明末清初的海禁政策虽使海上丝路一度被阻隔，但官方与民间的商贸活动并未完全禁绝。清圣祖康熙十七年（1678年）开放海禁后，海上丝路贸易虽有一定发展，但已风光不再。南海丝路受到西方"大帆船贸易"的严重挤压，只能萎缩在东南亚一带。近代以来，中国海权沦丧，沿海口岸成为西方倾销商品的市场，海上丝路一蹶不振。

海上丝绸之路是重要的商贸交易通道，唐中叶之后已取代陆上丝绸之路的地位，成为中外经贸往来的主要通道。它虽以丝绸命名，但运送的货物并不限于丝绸。隋唐时期，丝绸是这条海上通道运送的主要大宗货物。宋元时期，除丝绸外，瓷器、茶叶已成为重要的出口货物。在东南亚、伊朗、印度、巴基斯坦以及远在非洲的摩加迪沙、桑给巴尔、埃及等地，都发现了大量的中国瓷器或瓷片。通过这条海路进入中国的主要有香料、象牙、犀角、玉米、番薯、洋葱、药物和奇禽异兽等。宋神宗熙宁十年（1077年），仅明州、杭州、广州三地市舶司就收乳香354449斤。海上丝绸之路因此又称"陶瓷之路""香瓷之路"或"香丝之路"。

海上丝绸之路也是古代中外文化交流的重要途径。唐朝的政治制度、文学艺术、宗教信仰、礼仪服饰等向朝鲜半岛和日本的传播，高丽乐、天竺乐进入中国都是通过东方海上丝路实现的。日本从630年至894年共派遣了19批遣唐使，除三次未能成行外，其余16次全通过东方海上丝路进入中国学习、交流；新罗与唐朝的关系更为密切，以各种名义向唐派出使节达126次，唐向新罗国派使节34次。明代郑和从西洋返回时，许多国家都派使者甚至国君本人都乘郑和宝船来华，并带来特产珍奇，返程时又带回更多的"礼物"。

海上丝绸之路既把希腊、罗马、埃及、波斯、印度和中国等世界文明古国连在一起，又把埃及文明、两河流域文明、

印度文明、美洲印加文明等世界文明的发源地和中华文明连接在一起，形成了连接亚非欧美的海上大动脉，使这些古老文明通过海上大动脉的相互传播而放出异彩，给世界各族人民的文化带来巨大影响。[①]2013 年，中国提出了共建"21 世纪海上丝绸之路"的重大倡议，重点方向是从中国沿海港口过南海到印度洋，延伸至欧洲；从中国沿海港口过南海到南太平洋。海上丝绸之路必将推动沿线国家的互利合作和文化交流迈上新的台阶。

---

① 参见陈炎：《略论海上"丝绸之路"》，《历史研究》1982年第3期；杜瑜：《海上丝路史话》，社会科学文献出版社，2011，第10-183页。

第四章

商业经营方式的进步

　　太谷曹家是明清时著名的晋商家族，其始祖曹邦彦在明初就是个小商贩，因从太原到太谷一带贩卖砂锅而定居于该处。曹家发迹始于清前期的曹三喜。他先到东北的三座塔（今辽宁朝阳）租地种菜及大豆谋生，后以自产的大豆与当地人合伙磨豆腐卖。生意日渐起色之际，合伙人要求独立经营。身为外乡人的曹三喜虽在分割资产时吃了不小的亏，但很快就凭借辛勤劳动和精打细算而使生意蒸蒸日上，兼并了原合伙人因经营不善而亏本的生意。他逐渐扩大经营范围，除豆腐外兼营杂货，并利用当地盛产高粱的优势开设利润很高的酿酒作坊，还创立了自己的商号。到乾隆年间，因三座塔一带日渐繁荣，人口增多，清政府在该处设立了朝阳县。因曹家早就在该处经营，故当地有"先有曹家号，后有朝阳

县"之说。

随着生意的兴旺发达，曹家的经营地域先是扩展到邻近的赤峰、凌源和建昌等，后又在奉天、锦州、四平等处开设商号，逐渐成为关外有名的大商人。再后来，曹三喜回原籍太谷开设商号，并逐渐扩至华北、西北各商埠。道光、咸丰年间，曹家商号有600多家，遍布中国北方的北京、天津、太原、济南、徐州、沈阳、四平、锦州、兰州、张家口、黎城、屯留、长子、榆次等地，雇员达3700余人。光绪时总资本达六七百万两，经营范围涉及绸缎、布匹、呢绒、颜料、药材、皮毛、茶叶、洋货及典当、钱庄、票号等。清末时又开拓中俄贸易，从哈尔滨、海参崴到伊尔库斯克、莫斯科，从张家口到库伦、恰克图等地均设有分庄。20世纪20年代以后，因军阀混战及日本侵华，加上子孙庸碌无能，显赫二三百年的曹家逐渐衰败下去。

太谷曹家的兴衰史，可大致被视为中国传统商业经营方式演进的缩影，亦是凸显商业经营方式重要性的重要例证。商业经营方式指商品经营活动中采取的方法和形式，具体包括商业资本的筹集和运营方法、商业经营要素的组合方式、利润分配方式、商品销售形式和策略等。曹家从独资经营起步，曹三喜时曾与人合伙，虽不顺利，但可看作资本筹集方面的一大进步；后来对家族所经营的众多商号的管理已有了

近代公司制的影子。从独资经营到合伙经营，再到公司制，是包括中国在内的全世界商业资本筹集和运营方式演进的共同道路。

传统商人在经营过程中，基于中国社会的基本结构，因人、财、物等经营要素组合及利润分配方式的不同，采用委托代理、联号、家族经营等颇能提高经营水平或效率的制度。这些制度在发展过程中产生了一些颇具近代商业经营色彩的具体做法，从而使晚清中国能在本土制度资源的基础上接受并改造西方开创的公司制和股份制等现代化的经营方式，并使之适应中国商业生存的"土壤"。公司制和股份制等因之成为中国商业不断发展的重要制度性因素。曹家虽在经营中采用了各种具有近代商业经营色彩的制度，但最终未能与时俱进地演进为近代公司制和股份制，也是其走向衰落的一个重要原因。中国商业史上还曾产生相对发达的商业信用制度，与前述经营方式一起支撑着商品经济体系的正常和有效运作。

一、从独资、合伙经营到公司制

（一）独资经营

独资经营，顾名思义，是由一个人单独出资的经营方式。这是最悠久、最单纯的商业经营方式，经营全靠自有资

金，自负无限责任，即自有资财与商业资本没有界限，盈利并入自有资财，亏损不限于商业资本，连自有资财也要一并补上。

在传统社会中，独资作为一种最简单、最普遍的资本组织形式，不仅大量存在于中小工商业中，同时也存在于规模较大的工商业资本中，如贩运商业、矿业中都存在规模较大的独资经济组织。有些独资经济组织的资本规模甚至可以达到白银万两以上。一些规模较小，或者规模虽大，但出资人自始至终拥有较大财力的商人资本大多都采取独资的形式。如明清时期苏州城内著名的孙春阳南货铺，由宁波商人孙春阳于明万历年间独资创立。该店铺面规模宏敞，内设南北货房、海货房、腌腊房、酱货房、蜜饯房、蜡烛房，从明代创立到清中叶 200 余年间一直兴盛不衰，始终由其子孙掌管，没有他姓顶代。

独资经营也有多样化的实现形式。有些商人通过借贷形式得到资本后方能进行经营。在借贷经营的状况下，资本的运营者不论营运状况如何，都必须按照事先约定的利息率向债权人支付借贷利息，至于经营过程中的盈亏则全部由资本的营运人负担。在经商之风较盛的徽州，有些商人所用资本都是从他人处借贷而来，但在经营时，完全是自己所有的样

了。这些商人与放贷者是债务人与债权人的关系。[1]

独资经营具有产权明晰、权责明确的特点，经营完全由财东决定，成功与否完全取决于其努力程度和业务管理水平，相对的高度集权使其经营成本较低，"船小好调头"，可灵活调整经营方向，对中小规模的经营特别适合。这是其优势所在。至于规模小，发展速度慢，经营风险系于一人之身，是其劣势之所在。

（二）合伙经营

合伙是指两个或两个以上的人共同投资一定数量的资本，共同经营，按事先的约定分配可能获取的利润，并同时承担无限清偿债务责任的制度。

合伙制至晚从春秋时代已经形成。1973年，湖北江陵凤凰山10号汉墓出土的木牍中有一份"中舨共侍约"，是迄今发现的最早的合伙经商契约，其中规定了合伙的资金来源、入伙条

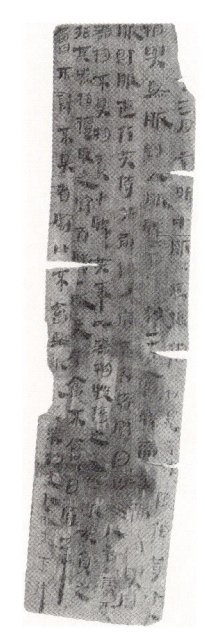

湖北江陵凤凰山西汉墓出土的"中舨共侍约"木牍

件、惩罚办法、损失共担等合伙制的基本原则，反映了西汉

---

[1] 参见张忠民：《艰难的变迁：近代中国公司制度研究》，上海社会科学院出版社，2002，第3—6页。

时合伙制的进步。魏晋隋唐以后，合伙制更加流行。到宋元时期，合伙制已达到了较高水平，既有资本与资本间的合伙，也有资本与劳动间的合伙，还有介于二者之间的混合型的合伙。后世常见的合伙形式此时均已出现。

明清时期的合伙制更加发达，具体表现有：第一，在各行各业中日益普遍，典当、矿冶、海外贸易等领域的合伙资本已经十分庞大，本银可达数万两甚至更高。第二，合伙时间的延长，甚至获得了类似近代企业那样的"永久性"。各行业店铺尤其是一些著名字号中的合伙已经可以超过合伙人的自然寿命而存在，不因合伙人的去世而解散。清代北京万全堂药铺和同仁堂药铺均存在了几百年时间，中间虽有个别合伙人退出，但仍能维持下来。第三，合伙的一些制度日趋稳定化和形式化，形成了为某一地区民众所认可和遵守的习惯制度。维系合伙者的纽带不再主要依靠彼此之间的"情投意合"和"同心揭胆"，而是通过书立契约来明确各自的权利和义务，以之作为约束合伙人行为规范利益分配的主要依据。经营盈利后，不再将利润全部分光，而是提取一定的利润作为公积金，或用来扩大营运，或用来补贴经营状况不佳的年份。若合伙人所出本银纯系投资行为，则所出资本同所占股份肯定成正比例，股份均一无差的原则基本上得以体现。合伙者的清偿责任不再都是无限责任制，即其所负清偿

责任不仅及于所投资本，而且及于其他家产；合伙者只是按占有资本股份的多少负担清偿责任，而不是一位合伙人负担所有合伙人的债务。这可视为有限责任制的萌芽，此做法当时已被大多数人所接受，也得到官府支持。

合伙制在历史上发挥了一定的积极作用。在这种制度下，钱、财、力都是入伙对象，合伙类型的多样化便利了资本的筹集与发展，吸引了更多有经营能力者投身工商业，特别有利于部分商人和小手工业者在市场兴旺时期从事长途贩运贸易和创办较大规模的手工业，促进了当时工商业的发展。合伙制发展过程中形成的一些制度或惯例成为后来股份制企业的"本土性"制度资源，使中国近代较早的一批股份制企业成为传统与近代、中国商业惯例与西方经济制度的混合体。

15世纪以后，随着地理大发现和欧洲经济地理中心的推移，西方在私人合伙的基础上很快衍生出以有限责任制和法人制度为根本特征的股份公司，极大地增加了资本集中的规模与效益，推动了殖民者征服世界的过程。中国的合伙制基本上没有出现制度创新，直到近代西方公司制传入中国后，中国传统合伙制受到了激发，才有了向公司制

转化的契机。①

（三）公司制

公司是在生产社会化、经济商品化条件下产生的一种能有效地集合资本、组织生产、扩大企业规模的高级企业组织形式。

晚清中国的公司制并非中国经济发展衍生的结果，而是从西方引进的。当时在中国运作的公司形式包括吸附华股的外国公司、官督商办公司和民办公司三种模式。它们代表了晚清公司制发展的三个阶段。

外国洋行是在中国土地上最早开始运作的公司。它们多为按照西方各国公司法规注册成立的合股公司或股份有限公司。为获取最大的利润，洋行充分利用股份公司集资灵活的特点，广泛吸收华股，以华人资本剥削华人。19世纪五六十年代以后，华商购买外国公司股票之风日盛一日。这些华商在自身获利的同时，不同程度地跻身外国公司的经营管理，从而获得了对公司组织结构、运作机制和经营管理常识的初步认识，为中国商人渐开公司、股份之风起了导引和传播作用。

① 参见刘秋根：《中国古代合伙制初探》，人民出版社，2007，第57-414页；马敏、张三夕主编《东方文化与现代文明》，湖北人民出版社，2001，第438-448页。

官督商办是中国自办公司的最初模式，是洋务派官员对西方公司制度有意识地学习模仿的结果。洋务派创办的"官督商办"民用企业，开启了近代中国公司制实践之先河。较早的官督商办公司有轮船招商公司、开平煤矿、上海机器织布局、电报总局、中国铁路公司等。从形式上看，这些企业已具备了现代股份公司的某些特征。官督商办在创办初期，对国人公司意识的发展起了引导和激励作用，促进了地主、商人投资观念的转变，但官督商办对中国公司制度建设也有很大的消极作用，特别是其由官府主导的经营模式背离了公司运作机制，侵害了商贾权益，扭曲了国人对公司制的理解，使商民对"公司"产生了恐惧感。

经过二三十年的经营运作，各官督商办企业的弊端日益暴露，进入普遍衰败的状态。甲午战后，日益急迫的民族危机进一步激发了民族资产阶级自我意识的觉醒，在"挽回利权"和"设厂自救"的爱国热潮中，华商进行资本联合的意识进一步增强。广泛检讨官督商办公司制弊端的社会舆论也进一步促进了民办公司的发展。1895～1900年，中国民办企业总资本已达1972.4万元。

经济实践表明，官办、官督商办企业均不如民办公司有效。1898年，清廷颁布了《振兴工艺给奖章程》，首次承认了民办公司的合法地位。为指导和规范公司的运作，清廷于

1904 年颁布了中国第一部公司法——《钦定大清商律·公司律》(以下简称《公司律》)。该法律共 11 节、131 条，第一次对"公司"做了法律界定，"凡凑集资本共营贸易者，名为公司"；规定了公司的四种类型，即合资公司、合资有限公司、股份公司和股份有限公司；此外，还对各类公司的创办呈报，对股份公司的股份设立，股票的转让买卖，股东的权利、义务以及公司董事的推选等都做了相应规定。针对《公司律》颁行前社会上官办、商办企业往往不甚平等的状况，它规定以后无论是官办、商办、官商合办等各种企业均应一体遵守商部定例办理；它还规定股权面前人人平等，约束了各级官吏和官府的行为，取消了官股或官局的特殊地位，保护了商民的合法权益，标志着中国公司步入了健康运作的轨道，无疑是近代中国公司制度建设中的一大进步。它在近代中国历史上第一次按照近代无限、有限责任的原则而不是按照出资人或经营人的身份对企业所做的分类规定，在近代中国公司制度演进中具有开创性意义。

《公司律》开了中国公司立法之先河，加上此后颁布的《公司注册试办章程》《奖励华商公司章程》《改订奖励公司章程》《华商办理实业爵赏章程》及以《公司律》为指导修订而成的《铁路简明章程》《矿务章程》等鼓励华商踊跃投资、大办公司的政策、法规相继出台，为民办公司营造了一

个较为有利的社会环境，由此迎来了中国民办公司发展的第一个高潮。1904～1908 年，在商部注册的公司共 265 家，资本总额 13833.7 万元。

公司制不仅对近代企业的成长、资本扩张及社会经济的发展产生了巨大的推动作用，而且在中国的政治和文化领域产生了不可低估的影响：首先是公司股份均一、股权平等的经营原则和在股东大会基础上形成的"三权（董事会的决策权、经理的业务执行权、监事会或查账人的监督权）分立"的运作机制进一步启发了国人对民主决策和民主管理的认识。其次是造就了近代首批企业家，为民族资产阶级的成长壮大提供了条件。[①]

二、以激励机制见长的委托代理制

委托代理制指资本所有者委托专门的经营者替自己经商牟利的经营方式。无论是独资经营，还是合伙的资本组织形式中，都可能存在委托经营。这一制度下，资本的所有权和经营权发生了实质性的分离，由此在资本的治理结构中出现了被称为"财东"的出资人和被称为"朝奉""掌计"或

---

① 参见张忠民：《艰难的变迁：近代中国公司制度研究》，上海社会科学院出版社，2002，第58-70页；李玉、熊秋良：《中国近代公司制度史：史学领域的一块处女地》，《社会科学研究》1997年第4期。

"掌柜"的经理者两个阶层。

需要请专门经理人进行经营管理的首先是那些规模较大，有时还实行跨地域、跨行业经营的大商业字号。即使财东本人颇具经营才能，全部生意都由其直接经营也有极大的难度，若财东是现任官员就更不可能亲自经营了。在这种情况下，遴选经理人代为经营就成为唯一可行的办法。如明嘉靖年间的礼部尚书董某家中有进行押物放款收息的"质舍"百余处，分别委托给多位大商人负责经营，每年获利数百万。一些经营规模已发展到商业联号组织的商人资本，通常要由财东延请既有经营才能，又为自己所信任的人员，充任各地、各字号的经营者。另外，采矿、盐井、票号等行业都要求经营者具有相当的专门知识和专业技能，而这些技能又不是每一个出资者都具备的，由此必然出现专门的经营管理者和经营管理阶层。在徽商所营典当业中，财东延请使用被称为"朝奉"的经理人员的现象十分普遍。

一般情况下，实行了"财东—掌柜"委托代理制的商号，财东在按照委托合约将全部资本及经理事宜交付于经理后，除扩充业务、赏罚同人、处置红利等外，并不过问商号的日常事务，而只是静候经理的年终营业报告。一些商号还规定，财东在全权委托掌柜经营后，自己平时就不能再使用商号名义在社会上活动，也不能在商号内食宿、借钱或指使商号内员工为自己办事。这种基于资本所有权与经营权分离原则下高度信任和权责分明的委托代理制，是传统社会资本组织中最富效率、最为合理的经营制度和治理模式。嘉庆年间，太谷曹氏东六门曹兆远的七个儿子各出本金 10 万两组成总管理机构"曹七合"（后因一子出继改为"六德公"），公推最具商业才干者为专东，全权处理经营事宜。几任专东都是商业经营能手，为曹家商业的兴盛做出了重要贡献。

为最大限度地调动经理人的经营积极性，财东对经理阶层大多采用以固定工薪加红利分配的"约束激励"机制。固定工薪一般不高，对商号经营收入的红利分成才是经理人取得较为丰厚的报酬的主要途径。在当时的情况下，财东对于掌柜的红利分成一般采用两种方式：一种是按事先所言明的比例，对经营利润实行直接分成；二是采用"顶身股"的办法来长期约束和激励经理人。

顶身股之法首先由晋商采用。晋商的股份有银股、身股之别。银股即财东投入商号或票号的资本。身股又称"顶生意"，即不出资本而以人力顶一定数量的股份，按股额参加分红。"曹七合"的专东即以身顶股一俸。在这种办法下，拥有身股的经理人或其他中上层职员均可在几年一期的账期分红时，据拥有身股的多少按比例取得一定的身股花红。此法是委托代理制下十分有效的激励约束机制。身股名为股

份，但实际上只是一种利润分配权益，对身股的持有者来说，其实际经济意义只是红利的收入，并没有真正属于他们的资本金的存在。身股持有者只有尽心尽力经营，才能在为财东带来效益的同时，也提高自己的收入。分红账期多在三年以上，为获得较好的经营业绩和较高的收入，身股持有者势必重视商号的中长期利益，并在较长时期内始终把商号的经营与自身的经济利益联系在一起。这就是顶身股这一激励机制能最大限度调动经营人员的积极性和创造性的原因所在。①

三、毁誉不一的家族经营

家族是中国传统社会结构的基础，其与商人的经营活动相结合，形成了一种以血亲族属关系为纽带、依托家族力量进行资本筹划和管理的经营方式，即家族经营制或家族式经营。

过去多认为传统家族制度会压抑和阻碍商品经济的发展，但这无法解释 16 世纪以后商品经济最发达的长江三角洲地区家族活动相当活跃的状况，也无法解释明清以降徽州家族建设极为发达背景下徽商的发展等问题。近些年，越来

---

① 参见张忠民：《艰难的变迁：近代中国公司制度研究》，上海社会科学院出版社，2002，第34–39页。

越多的学者认为家族制与商品经济并非水火不容，而是对经营活动具有促进作用，如借助家族势力经商，能大大增强商人的竞争力，甚至认为明清时期"没有任何组织比家族和宗族更适合于为商业企业提供一种制度性基础"[1]。这种经营方式在明清时各地的商人群体中都很常见。从以上商人群体的经营实践看，家族制度并非完全是商业发展的限制性因素，其对商业经营活动的发展也不乏积极作用，具体表现在：

第一，家族对商业资本筹集的支持。

基于血缘关系形成的家族伦理可为商人提供某种信任机制，使得家族内部在商业资本上的支援和帮助成为商人资本筹集的重要方式。

徽人经商的原始资本多与宗族有关。凡官有余禄或商有余资者，往往资助族人业贾。如徽州某人早年家境寒微，到扬州投靠其族中亲属，亲属分别接济以资金，让其经营质库。也有家族内部合伙从事需要资金较多、规模较大的生意。万历年间，祁门郑氏兄弟、叔侄郑元祐、郑逢旸、郑逢春、郑师尹、郑大前等人集资 12 股往江西贩木，其中郑逢旸的投资额占 5 股，郑大前占 4 股，其余三人各占 1 股。也有委托族中商人附资经营的，如明清之际歙商江国政业贾淮

① ［英］科大卫：《近代中国商业的发展》，周琳、李旭佳译，浙江大学出版社，2010，第79页。

阴，亲友因他为人谨慎厚道，附本数千金与他合资经营。还有族人合资经商的，如明代徽商程锁联络全族内"贤豪者"十人共同出资，贾于吴兴新市。总之，徽人得到族人资助或贷款经商的事例举不胜举，有的家族甚至把这一点写到了家训族规中。如清前期休宁人吴翟的《茗洲吴氏家典》就规定族中子弟不得不从事商贾时，族众要提携之，令其可糊口谋生。①

一些山东商人则非常注意选择族内有心计经商者予以资助。明代潍县人徐从谨善于经商，并热心救助族内贫弱者，若发现族内子弟之有心计者，便会资助以本钱。清临朐商人李岫青对族人中比较贫穷但有才能者，都会给以资金让其经商，赖以致富者十余家。

第二，家族在人力上对商业经营的支持。

"择人而任势"是商业经营成功的重要条件。在传统社会，最能得到信任的首先就是族人。族人是传统商人在经营中最重要的人力支持。

明末闽商中最具实力的南安郑氏海商集团，其骨干完全由首领郑芝龙的兄弟、从弟、堂弟、族弟及其他宗亲（号称"十八芝"）担任。可靠的族人骨干、团结的宗族团体在郑氏

① 参见唐力行：《商人与中国近世社会（修订本）》，商务印书馆，2006，第74页。

海商集团于明末崛起并称霸东南的过程中起到了不可替代的作用。

徽商的合伙者多以族人为主。明中期的歙县人方廷珂到开封经商致富后，族中子弟只要稍稍懂得商业经营者均随其前往经商，获提携者有几百人。明末休宁人金声说，歙县、休宁两县人经商，往往带领其亲朋好友一起进行，只要有一家经营成功，就不止一家可保证温饱，其大者能养活千百家，少的亦能养活十数家。他们雇佣的伙计大多为族人。明歙县人吴德明因经商致富，但自己从未直接经营，而是善于使用亲戚子弟中的贤者。同县汪玄仪以贩盐起家，随着商业规模的扩大，家中子弟十余人都在其指挥下参与营运，并因之致富。

山东商人在选择店员、伙计时往往首先选择族人。位于北京前门外的正阳楼是道光年间由山东掖县人孙振清与儿子孙学仁创办的。后来，孙学仁认为本家兄弟比外人可靠，便把堂兄弟孙学礼、孙学智、孙学信和孙学士都从老家带到了北京，又开设了正明斋饽饽铺等。他就是利用同乡或族人来从事商业经营的。有的是整个家族都投身商业，如清代商河人展汝霖与诸同族人拉车服贾，到晚年财累巨万，子侄辈也都以经商为业。

徽商的一大特色是"贾而好儒"，其往往不惜巨资举办

书院、学塾，并源源不断地捐资助学，培养子弟参加科举，谋取一官半职，目的之一就是为在经营中寻求政治上的支持。有一些家族有意识地对族众进行适当的职业分工和人力资源配置，兼顾耕读工贾诸业。如清代山东历城人张楫以经商为生，析产时，他有意识地将家产让给两兄，使其专心于学，后来一位考中举人，一位进入官学。多种职业选择有助于家族的维持，可为商人经营免除家中的后顾之忧。如果有人能够通过读书应举而出仕，则可为商业经营提供政治上的保护。

第三，家族势力在商业竞争中的作用。

排斥竞争，建立垄断可最大限度地提高利润率。徽州坐贾对地方市场的垄断主要通过控制城镇市集的全部贸易或把持某一行业的全部业务来完成。这种垄断往往需要家族的全力支持。徽人外出经商，在城镇市集落脚后，其族人随之而来，其乡党也随之而来。通过举族移徙经商，在一些城镇市集建立起垄断组织。长江中下游一带有"无徽不成镇"之说，指的就是徽商对地方市场的垄断。

徽商在建立区域性垄断时，往往通过联结家族势力建立人力、财力上的优势。如黟县商人朱承训在江西吴城镇经营金融典当业，他对觅业而来与失业而贫的乡人皆因材推荐。这就使族人乡党势力不断发展，从而达到排斥异己的目的。徽商对城镇的垄断，还可以从他们占籍的人数来看。山东临清占籍者十之八九皆徽商。其他地域商人亦是如此，如明中期在扬州十分活跃的盐商家族陕西三原梁氏、西安申氏、临潼张氏、泾阳张氏，均在前辈到扬州开拓事业后，依靠大量亲族迁至扬州，来扩大自身在两淮地区的盐业贸易。

徽商在建立行业性的垄断时，也离不开家族势力的支持。以典当商为例，典商大多是休宁人，其竞争策略是族人乡党从事同一行业，凭借雄厚的资本，采取一致行动，降低典利，挤垮本薄利高的异邦商人。据明周晖《金陵琐事剩录》卷三记载，金陵当铺总共有 500 家，福建人开设的铺子本钱少，取利三分或四分；徽州人开设的铺子本钱大，取利低者一分，最高者三分，故福建当铺为当地人所不喜，生意十分萧条。其他地域商人群体中，如福建连城邹氏家族和马氏家族垄断了福建的刻书、贩书行业，宗族内部合作传承近 500 年，生意罕有外传。

对周游天下的徽州行商来说，正确判断与预测瞬息万变的市场行情是其获利的前提。这种判断和预测往往依靠副手及在各地经商的族人提供信息，因此徽州行商十分重视编修族谱。在某种意义上，族谱就是徽州行商的联络手册，散在四方族众是他们获取可靠商业信息的重要来源。[1]

---

[1] 参见唐力行：《商人与中国近世社会》（修订本），商务印书馆，2006，第75—82页。

周学熙像

到了近代，家族经营有了新的形式。家族制与公司制结合，产生了不少家族公司。凡是能以家族的力量（毋论是控股还是不控股）左右公司发展的大政方针以及掌握实际经营管理的公司，都应算作家族公司。或是握有公司的控股权，或是虽在名义上未能掌握公司的控股权，但在实际上却能以家族力量的影响最终实现对董事会、股东会的控制，都应该视作是"左右公司发展的大政方针"。至于"掌握实际的经营管理"是指家族成员进入公司的最高管理层，并且在最高管理层中占有优势比例，在公司的日常经营管理中掌握实际的权力。20世纪初，家族公司曾成为公司制演进过程中的主流形态。当时出现的荣氏家族的福新、茂新、申新公司，郭氏家族的永安公司，简氏兄弟的南洋烟草公司以及周学熙创办的公司企业都是家族公司。

四、行之有效的联号制

联号制是指大多由一个财东出资（或以一个为主），财东对所经营的分布于各地不同行业的商号实行子母形式的管

190

理制度。① 清代的晋商、鲁商等都采用这种方式，且财东往往由某个家族充当。

实行联号制的晋商的总号均设在山西，除管理总号内部各项事务外，还要对各地分号进行宏观调控。分号遍布各大商埠和城镇，其经理负责业务开拓、资金运用和人员管理。如太谷曹氏所经营的商号便实行联号制，具体通过三个账房进行管理，其中"励金德"账房管理太原、潞安及江南各地的商号，"用通玉"账房管理东北的各商号，"三晋川"账房管理山东的各商号。"励金德"管辖的"彩霞蔚"是曹氏规模最大的绸缎庄，"彩霞蔚"又管辖张家口的"锦泰亨"、黎城的"瑞霞当"、榆次的"广生店"、太谷的"锦生蔚"等商号。财东曹氏并不直接过问这些商号的经营和盈亏，而是由"彩霞蔚"负责，"彩霞蔚"则向"励金德"负责。"彩霞蔚"所属"锦泰亨"等商号经理想面见财东，须由"彩霞蔚"经理先引见"励金德"经理，再由"励金德"经理引见财东。曹氏办的各商号虽都独立核算，但是各商号在上一级商号的领导下，无论在信息交换、物资采办上，还是市场销售上都相互支持，必要时在财政上也可挪款相助。

---

① 参见唐力行：《商人与中国近世社会》（修订本），商务印书馆，2006，第64页。

这就形成了一个比较有力的商业集团。①

　　鲁商最著名的联号是章丘旧军孟家的"祥"字号。孟家的商业自清康熙、乾隆年间兴起，到鸦片战争前后，孟家商号除北京瑞生祥、谦祥益，济南庆祥、隆祥四家绸布店外，又增设了北京瑞增祥、瑞林祥，天津瑞生祥，保定庆祥等绸布店。鸦片战争后，祥字号得到很大发展，逐渐在全国多个大中城市开设了新店。到清末民初，逐渐形成瑞蚨祥和谦祥益两大系统。瑞蚨祥系统主要有1862年开设的济南瑞蚨祥绸缎店、光绪初年开设的北京瑞蚨祥鸿记布店和天津瑞蚨祥土布批发庄、1893年开设的北京瑞蚨祥绸缎店、1896年开设的烟台瑞蚨祥绸缎店和济南泉祥老号、1904年开设的青岛瑞蚨祥缎店、1908年开设的天津瑞蚨祥鸿记缎店、1911年开设的北京瑞蚨祥西鸿记茶店及光绪初年开设的瑞蚨祥申庄和苏州庄等商号。谦祥益系统主要有清乾隆年间开设的济南隆祥老号、北京谦祥益号、周村恒祥染店，光绪年间开设的汉口谦祥益老号、衡记、西号及清末民初开设的上海申庄、广州购货庄、日本大阪购货庄等。瑞蚨祥和谦祥益两个系统商号的管理模式基本相同。最高层是东家和全局总理，下设地区总理和各店经理，主要是通过旬报、月报、年中约算、

---

① 参见张海鹏、张海瀛主编《中国十大商帮》，黄山书社，1993，第22页。

年终结算和号信等形式对各地商号进行控制。它们都有一定的周转资金，各分店的卖货款都交总店汇往申庄汇存。各店进货，绝大部分通过总店由申庄统一采购。

北京谦祥益旧影

分店向总店要货，总店向申庄要货，都不限于存款多少或有无。统一使用周转资金，可使各店在经营上互相调剂，提高资本的周转率。

基于家族形成的联号制经营方式可以使商号在竞争激烈的商战中互相支援、互相帮助，增强自身的竞争力。如北京瑞蚨祥在"庚子之变"中被焚毁后，就是由济南、天津的瑞蚨祥和上海的申庄发货拨款进行接济而复业的，仅天津一处就接济了北京15万两银子。清末有人总结山东人在商业上的成功之道，认为是其"富于团结力。劳动者互相扶助，商人互通缓急，恰如一大公司，其各商店，则似支店互相补给

商品，而金钱上尤能融通自在"①。这里讲的是山东同乡之间的互相支持，基于比同乡关系更紧密的家族关系形成的联号制商号之间自然更易互相支持，休戚与共。联号制还有助于形成品牌效应，使分号能尽快得到顾客认同，如"祥"字号的商号即是如此。

五、日益发达的商业信用

商业信用指买卖双方在交易过程中以延期付款或预收货款的方式进行的信贷行为。延期付款即赊买赊卖，是最基本的商业信用。预收货款是发展了的派生的商业信用。

至晚从春秋时候开始，就已出现了商业信用性质的赊买赊卖。汉代商品经济要比以前发达得多，赊买赊卖的现象随之增多，不仅在广大内地常见，而且从消费领域扩展到了流通和生产领域；西北屯戍地区虽局限于消费领域，但在那里的军队内部及军队和平民之间存在大量的赊买赊卖。唐代商业信用也很发达，除官府主持的常平仓与和籴粮草中普遍存在外，民间消费领域尤为突出，酒店楼肆往往有赊卖的习惯。如白居易诗云：

忆昔羁贫应举年，脱衣典酒曲江边。

① [日]稻叶君山：《清朝全史》，但焘译，中国社会科学出版社，2008，第693页。

十千一斗犹赊饮，何况官供不著钱？ ①

宋代是中国古代商品经济发展的高峰时期，商业信用随之空前兴旺发达，在广度和深度上都超过了前代。当时的商业信用，可分为民营和官营两种。

宋代民营商业信用最基本的形式是赊卖赊买。商人或生产者向消费者零售商品时常采用赊卖赊买方式，豪商大贾向中小商人批发商品也经常搞赊卖。虽在宋代占主导地位的交易方式仍是现钱买卖，但从苏轼、苏辙的言论和《梦粱录》等书的记载看，当时至少在某些城市、某些行业中，民间的赊卖赊买已经相当普遍，现钱交易反而退居第二位。以前十分罕见的预付货款现象在宋代民间也滋长起来，四川产茶区、福建荔枝产区、江西砖瓦产销行业等专业化商品生产比较发达之处，商人和消费者向生产者预付货款现象相当普遍。

宋代官营的商业信用主要表现为预付货款。民间的茶商、盐商向官府预付货款，对各种禁榷物品实行了钞引制后，这种现象尤为突出。官府收购麻布、绸绢、茶叶、食盐、矿冶品、军需粮草等物品时，有一种向生产经营者预

①《白居易集》卷二八《府酒五绝·自劝》，顾学颉校点，中华书局，1979，第651页。

宋代钱引

付货款或工具、食物的制度，典型是"和预买绸绢"制度。

随着商业信用的发展，宋代商业领域出现了一些新现象，也形成了一些新的矛盾和问题。首先，出现了茶引、盐钞引、矾钞引及见钱公据、钱引、关子、会子等大量的信用证券，或用来提货，或用来取钱，或钱物并取，总之都是在官府与民间的商业信用中充当中介物。宋代还形成了证券交易市场，出现以买卖交引为特征的交引铺，尤以北宋京城开封和南宋京城临安的交引铺最负盛名。其次，推动了"牙人"阶层的发展，使牙人队伍壮大起来。①

明清时期，商业信用继续发展，内容或形式上没有多大变化，其最大的进步就是深入到各行各业、各个地区，仅就民间商业信用来说，商人与商人之间、商人与生产者之间、商人与消费者之间以及生产者与生产者之间都较为普遍地建

---

① 参见姜锡东：《宋代商业信用研究》，河北教育出版社，1993，第1—25、230—235页。

立了商业信用关系。

商业信用是商品经济发展到一定程度的产物,其随着商品经济的发展而不断提高水平,同时也会促进商品经济的发展。在生产领域,买方向生产者事先提供货款,生产者可用来购置原料、工具,支付雇工的雇值,也可购买生活必需品,有利于商品生产的顺利进行。在流通领域,缓解了"钱荒"现象,加快了商品交易速度,甚至在一定程度上催生了纸币在宋代的产生及其后来的发展。在消费领域,有助于增加消费,从而拉动商品经济的发展。

在看到商业信用积极作用的同时,也应看到古代的商业信用关系主要依赖当时的民间商业及信用习惯,还有贩商、牙行与铺店等长期形成的人际信誉、人情网络关系等,所有契约的订立、票据往来均取决于个人信用,故拖延、骗赖等情况时常发生,常导致商贩经年无法回收欠款,甚至血本无归,从而增加了商业经营的风险。[1] 明万历年间出现的《新刻江湖历览杜骗新书》之类的商人防诈骗读本中就记载了大量此类案例。

---

① 参见刘秋根:《明代民间商业信用》,《河北大学学报》2006年第1期。

第五章

商业经营策略的日趋成熟

商业经营策略是商人在长期的经营实践中，基于对商品经济运行规律和顾客消费心理等因素的把握，总结出的一些行之有效的管理经验和营销技巧。

从先秦时期开始，以范蠡、白圭等为代表的著名商人在经营实践中就形成了对商业经营规律的初步把握，并总结出了一套行之有效的经营策略，核心是"候时转物，贱入贵出"。这一策略被后世商人奉为圭臬，并成功地应用到商业经营实践之中，到明清时期已达到了较为成熟的程度。历代商人在从业实践中围绕人员管理、待人接物、产品宣传等也积累了一些优秀的经验，不少做法直到今天仍不过时，足为现代经商者所学习和借鉴。

传统商人还将中华文明的某些资源成功地转化为商业经

营策略，并在实践中取得成功。历代良商基于中华文明中的道德伦理规范和价值取向，多奉行重义轻利的思想，故能坚守"君子爱财，取之有道"的古训，更加注重通过自己艰辛的劳动获利，并能在经营中坚守诚信，既包括商人品质上的诚信，也包括产品质量上的诚信。

本章以广为人知的经商谚语或俗语为题，论述中国传统商人六个方面的经营策略。

一、"诚招天下客，誉从信中来"

诚信是中国传统文化中的重要伦理原则，孔子就强调"人而无信，不知其可也""言必信，行必果"。它的含义很广，包括待人诚实、守信、重诺、童叟无欺、不欺暗室等。商人也把诚信当成必须遵循的准则。"诚招天下客，誉从信中来"，各地商人都试图凭借诚信经营来提高声誉，以求招徕更多的顾客。总之，诚信是传统商人极为重要而又突出的品质之一，也是其基本的经营策略，核心精神就是要求人们言行一致，摒弃欺诈行为。

讲究诚信是徽商的优良传统。在明清数百年中，徽商正是依靠诚信经营，逐渐发展为经济实力和人数规模最大的一个地域商人集团。这样的例子很多，如：明末清初的歙县商人江国政早年在淮阴经商，因为人忠厚老实，亲友纷纷筹资作为股份投入其产业，以期获利。后因战乱，其产业被抢掠一空。他回乡后，立刻卖尽家产来偿还亲友的资金，即使家徒四壁也未后悔。清代歙县商人吴南坡以"人宁贸诈，吾宁贸信，终不以五尺童子而饰价为欺"[1]为原则来指导经营。他不是靠欺诈顾客发财，而是以诚信待客，即使对五尺孩童也不饰价欺骗。他因此赢得了很高的信誉，经营的"南坡布"深受顾客欢迎。久而久之，顾客去买布，只要看见是吴南坡的铺面，不管什么样，买了就走。

鲁商非常注意在商业交往中讲究诚信，为自己创立良好的声誉，以此吸引更多的新老顾客。宋金之际山东章丘人王京家中有一橘园，收购其橘者预付了货款的1/3，后来橘因霜而凋落。王京将货款全都退还。明代历城商人刘龙因讲究诚信、重视然诺而受到各地商人的尊重，很多人都争相与他交易，其生意随之大兴。他用了10年时间从"小贾"发展成"中贾"，又用了20年成为"大贾"。清代山东宁津人李俊少时为改善家计，经常贩卖丝绸到周村换成棉布，再运回宁津出售。有一次，行店伙计误把绸子当棉布发给了他，他回家发现后便尽数送还，由是信义著闻。

晋商称雄商界的一个重要秘诀就是笃守信用，珍惜信

---

[1] 张海鹏、王廷元主编《明清徽商资料选编》，黄山书社，1985，第279页。

山西平遥日升昌票号

誉。这对经营票号的晋商尤为重要。山西票号以汇兑业闻名天下。清文宗咸丰三年（1853年），江南河道总督杨以增称："各省银号汇兑银两盈千累万，仅以一纸为凭者，信也。"[1]有一老妇从已故数十年的丈夫的旧衣中发现一张日升昌大额汇票，便到票号兑现，尽管年久，日升昌仍全额兑现。还有一票号，一笔数千两银子的汇票无人兑取，票号费了许多周折才得知这个商人已去世，便通知其儿子去兑取。这种诚信不欺的例子在晋商中很多，《清朝续文献通考》卷六五《国用考三·银行》中称："山右巨商所立票号，法至精密，人尤敦朴，信用最著。"

其他各商帮情况大致类似。有学者以为传统商人多是道德型、情感型的商人，其文化缺乏具备法治内涵的契约精神。这实际上夸大了契约的作用，因为契约最终还是要靠人

① 中国人民银行总行参事室金融史料组编《中国近代货币史资料》第一辑上册，中华书局，1964，第378页。

来执行，不守契约的商业欺诈行为仍极为常见，由此还是需要人们讲究诚信。讲究信用的道德约束是建立社会信用体系的基础，契约或法律只是制度保障，只有将两者结合起来，才能建立起符合商业发展要求的商业信用体系。[①]在法律等制度保障不很完备的传统社会，诚信对商业发展更加重要。我们不否认亦有诚信商人被人欺骗的现象，但其损失的恐怕只是一时的"小利"，换来的是更加长远的"利"。

二、"嘴硬不如货硬"

"嘴硬不如货硬"，讲的是商品质量在经营中的重要性。商品质量是指商品满足用户使用要求所具有的特性，包括性能、寿命、安全性和经济性等多个方面。商品质量是商业经营的生命。市场竞争在很大程度上表现为产品质量的竞争。只有质量好的产品才能保持较高的市场竞争力和市场占有率，从而获得更大的经济效益。

早在先秦时期，商人对商品质量问题已有清醒认识。春秋时期的范蠡用计然之策，提出"务完物"的主张，强调货物要贮藏好，对不易保存、容易腐败的食物不要久留。他还认为这是"积著之理"，即经营者必须认真遵守的法则。战国时期的巨商白圭提出了根据不同用途向顾客提供不同质量

---

① 参见朱正昌主编《齐鲁商贾传统》，齐鲁书社，2014，总序第11-12页。

的商品的经营思想。他清醒地认识到，在当时大多数民众生活水平较低的情况下，吃饱饭是人们对粮食的基本要求，所以经营廉价的下等谷物才能因销路广而赚大钱；用作种子的谷物必须质量优良，才可使产量增长，所以供给农民种子必须选择上等谷物才能受到农民的欢迎。

中国手工业品生产历来有重视商品质量的传统，并为此建立了严格的"物勒工名"传统。山东临淄出土的许多陶器上都有陶文，字数多少不一，三字以上者都包括制陶者的地址和姓名。[①]后世的陶瓷生产中沿袭了这种习惯，山东淄博寨里北朝青瓷窑址出土的窑具上刻有"静""李静""侯""高经""安"等铭文。从内容来看，这些铭文无疑都是人名或姓。这种不在产品上而在窑具上刻铭的情况，说明它不是商品上的商标，而很可能是陶瓷业工人在上面所做的记号，以此让陶瓷业工人表示对自己烧制的产品质量负责，表明了经营者对产品质量的高度重视。[②]

保证产品质量是提高市场竞争力的基本条件，若再能做到价格相对低廉，在市场上则几乎无往而不胜。北宋兖州

---

① 参见张龙海：《从临淄陶文看"物勒工名"之传统》，载张龙海主编《齐俗研究》，齐鲁书社，2001，第111页。

② 参见山东淄博陶瓷史编写组、山东省博物馆：《山东淄博寨里北朝青瓷窑址调查纪要》，载文物编辑委员会编《中国古代窑址调查发掘报告集》，文物出版社，1984，第355~359页。

莱芜人吕规利用当地冶铁业发达、取材便利的优势，招募工徒，伐木为薪，冶铁制器，所制铁具比起其他作坊来尤其精良。更为突出的是，其产品还保持着极高的性价比：制作精良的产品，价格却相对低廉，一般只有别人产品价格的1/3。正是因为优良的产品质量和低廉的价格，其产品几乎独占了整个山东市场，获利巨大。

不以伪劣产品售人，是众多商人提高声誉和获得良好口碑的重要手段。清乾隆年间，休宁商人吴鹏翔在汉口购进800斛胡椒，后来验明这批胡椒有毒，原主恐事情败露，要还钱退货。吴鹏翔为防止原主将有毒胡椒转卖别人，竟将这批胡椒全数买下，全部予以销毁。道光年间，婺源商人朱文炽贩茶入粤，因茶叶过期，便在交易文约上特意注明"陈茶"二字，宁愿自己亏损数万银两，绝不用过期商品欺骗顾客。清末祁县乔家在包头开设的复盛商号专门经营胡麻油，信誉度很高。但有一次从包头运大批胡麻油往山西销售，经手者为谋暴利，在油中掺假，掌柜发现后立即以纯净无瑕的好油更换。这些商人虽然一时有所损失，但换来的却是千金难买的良好口碑。

中国不少行业中都有延续数百年的老字号，其得以产生的关键就是产品的质量，其得以延续的基础是长期的信誉。老字号都非常重视产品的选料、生产、检验等各个环节，以

求生产出质量优异的商品来维护自己的声誉。

老字号药店尤其注重选择地道药材，精心炮制。清康熙年间创办于北京的同仁堂可为典型代表。该店创办人乐凤鸣从一开始就提出了"炮制虽繁，必不敢省人工；品味虽贵，必不敢减物力"[①]的原则，并为后世经营者所遵循。为保证药品的疗效，在制作成药时，严格遵守古训，无论是选料，还是剂量，都不敢有丝毫苟且。大山参、鹿茸等专门到营口的药市上采买，制丸药所用的蜂蜜由专门的蜜行供应。在遵照古方炮制上也不惜工本。药制成后，一般要存放一两年再出售，如虎骨酒要在缸里存储两年，再造丸和蜜封好后要存放一年。存放时间越久，药味越纯，药效也越高。这虽要增加设备和场地，并占用大量资金，但为保证质量，同仁堂一直坚持不变。

一些食品业老字号和日常用品老字号在质量上也是严格要求。

山东济宁玉堂酱园从精选原料到生产工序、门

北京同仁堂旧照

---

① 乐凤鸣：《同仁堂药目叙》，载同仁堂编《同仁堂药目》卷首，清光绪十五年刻本，第1页b。

市销售等各个流程无不严格质量要求，宁愿增加成本，也要保证质量。为保证原料基地的稳定和鼓励原料生产者的积极性，酱园收购时所出价钱都要高出市价。在生产过程中，对酱菜需要的甜面酱每年都要更新，新酱味鲜，糖分适度，可使生产出的酱菜色泽光润，味香质脆，鲜嫩可口。酱油的制作要求年代越久越好。酱园制作酱油一般在日光下日照至少三伏甚至十几伏不等，以保证生产的酱油味道鲜美，醇厚挂碗。

北京前门外煤市街正明斋饽饽铺开设于清穆宗同治三年（1864 年），特别注意糕点的质量。从选料来说，要山西的薄皮核桃、密云的小枣、云南的桂花、北山的山楂等，次货一概不用，绝不以次充好。所产糕点不仅选料精，而且投料足，其月饼一斤面必须兑四两香油。正是凭借过硬的质量，其生意才兴隆昌盛。

始创于清乾隆年间的胡开文徽墨店到光绪年间达到全盛，店肆遍及歙县、屯溪、上海、南京、汉口、天津、北京、安庆、芜湖、苏州、杭州等地。其之所以能迅速扩张，很大程度上与其重视产品质量有关。胡开文制墨，遵循南唐以来的制墨古法，由老店统一配方监制，选料严格，从不以次代优；各项工序，一丝不苟，以保证质量。在第二代传人胡余德时，曾造出一种可在水中久浸不散的墨。有顾客购买

后，不慎将其掉入河中，捞起后发现墨已开始溶化了。胡余德得知后，立即进行调查，发现该批墨锭未按成规生产，便要求所属店坊停售这批墨锭，并高价收回已售出的墨锭予以销毁。此举虽在经济上受了损失，却保住了产品的声誉。

三、"候时转物，贱入贵出"

商业经营活动的实质就是商品买入与卖出。要获得经营的成功，商人在经营中要根据地点、时间、季节、年景、气候、交通等客观条件的变化选择不同的商品，根据价格、供求等市场条件的变化趋势掌握商品吞吐的时机，做出符合市场规律的经营决策，不失时机地买进卖出，时机一到则不能犹豫，这就是"候时转物，贱入贵出"。

早在先秦时期，这一经营策略就已广泛应用于商业经营实践中，并得到了一定程度的总结。

春秋时期的范蠡采用计然之策，"十九年之中三致千金"，具体有：一是"与时逐"。"时"主要指市场行情变化的趋势和规律性，"与时逐"就是指认识这种趋势和规律性，以把握贱买贵卖的最佳时机。二是"知贵贱"。他通过市场供求关系的变化来预测商品价格的高低，"论其有余不足，则知贵贱"，如果"有余"，即供过于求，价格就会跌落；如果"不足"，即供不应求，价格就会上涨。价格的变化也会影响供求状况，从而导致价格自身向相反的方向转化，即"贵上极则反贱，贱下极则反贵"，若商品价格很高，经营者都能得到高利润，就会刺激这种商品的供给不断增长，终致供过于求而引起价格反跌；反之，如商品价格过低，就会引起需求的增长和供给的萎缩，终会出现供不应求而使价格回涨。有鉴于此，他提出要看准时机，应"贵出如粪土，贱取如珠玉"，当价格上扬时要像对待粪土一样及时出售，当价格下跌时要如同珍爱珠玉一样及时收购。三是"旱则资舟，水则资车"。市场的供求变化与价格涨落有直接关系，想在商业经营中取胜就必须充分预测市场供求变化和价格涨落行情，采取比市场变化先行一步的措施，"旱则资舟，水则资车"[1]，天旱时高亢的地区农业受损失较大，而低洼多水的地区则收获较好，所以要利用舟船到低洼多水的地区去收购比较丰富低廉的商品；反之，水涝之年低洼地区受灾重，而高亢地区状况较好，因而要用车辆去高亢地区贩运商品。[2]

战国时人白圭在经商实践中发展出了一套更为完整和更有理论色彩的"治生之术"，中心内容是其预测市场行情变

---

[1] 司马迁：《史记》卷一二九《货殖列传》，中华书局，1959，第3952-3954页。

[2] 参见赵靖主编《中国经济思想通史》（修订本）第1卷，北京大学出版社，2002，第315-320页。

化并据以进行经营决策的思想。他主张"乐观时变",即预测市场行情变化,在此基础上,做到"人弃我取,人取我与"。"人弃我取"是指供过于求、人们不愿问津的商品,要趁机买进。"人取我予"则是当自己手中存贮的某些商品供不应求、价格大涨时趁机卖出。他还主张"趋时若猛兽鸷鸟之发"[①],决策必须迅速及时地加以贯彻,不可迟疑观望,坐失良机。[②]

范蠡和白圭等提出的上述经营策略受到了后世商人的推崇,并被普遍地用到了商业经营的实践之中。徽商对记载范蠡、白圭等事迹的《史记·货殖列传》推崇备至,积极从中汲取经商经验。歙县商人黄莹读《货殖列传》,从中悟出经商不能靠欺诈手段,而是应认真揣摩市场上物品供求关系与价格变化的规律,方能取得成功。休宁商人汪可训弃儒经商,曾两次专心阅读《货殖列传》,从中体会经商之道。

历代山东商人中有不少都是奉行上述策略的典型。唐代郓州人程少良以抢劫商旅起家,后来洗手,转而"以其资废举贸转"。"废举贸转"就是程少良的经营策略。此语最早出于《史记·仲尼弟子列传》对子贡商业经营策略的描

---

① 司马迁:《史记》卷一二九《货殖列传》,中华书局,1959,第3955页。
② 参见赵靖主编《中国经济思想通史》(修订本)第1卷,北京大学出版社,2002,第320—324页。

述："子贡好废举，与时转货赀"。"废"就是卖出货物，选择物贵时卖出；"举"就是收进货物，选择货物价格低贱时大量购进；"贸转"就是贸易转运，将货物从产地运至各地销售，或将贵物抛售后购进贱物，以待将来涨价获利。程少良已深

子贡像

谙"废举贸转"的商业经营之道，根据市场行情来选择经营对象，以求获取厚利。元代郓城人李瑞以商贾为业，"知人弃我取、人取我与之机"①。所谓"人弃我取、人取我与"就是根据市场行情的变化，有选择性地选取商品进行经营，在某种商品无人要、供过于求、价格低廉时可以大量收购，到人人收购、供不应求、价格转高时再大量出售，从中获取厚利。明代山东章丘人王凤云18岁时便四处贸易。他虽然年轻，但极善于掌握商品行情和市场信息，所以经营起来非常顺利，其他商人往往盈亏不定，而他却每每盈利。

明清时期的徽商是"候时转物，贱入贵出"的典范。明

---

① 胡祗遹：《胡祗遹集》卷一七《承直郎江西等处榷茶都转运司副使李公神道碑》，魏崇武、周思成校点，吉林文史出版社，2008，第369页。

歙县人程澧决定经商时，曾游历各地，东至松江，沿海至扬州，又北抵京师和河北。通过远游，对各地市场状况有了深入了解。他认为江南地区棉织业发达，可做棉布生意；扬州位于天下之中，可经营盐；其家乡土地瘠薄，可从事典当业。正是由于其对市场状况的准确分析，其家产增加了数倍，并带动程氏宗族一起致富。清初婺源人汪拱乾精于会计，在外贸易三十余年，所营货物都是人弃我取之物，但无不利市三倍。

要"候时转物，贱入贵出"，就必须准确地把握商机，但商机存在于市场之中，不会主动地进入人们的视野，也不会主动变为财富，而是需要人们去发现和捕捉。北魏洛阳的大商人刘宝则是建立了遍及各地的商业信息传递网络。他在全国各州郡都会之处都建有宅院，各养马10匹，专供传递各地商品信息之用，凡舟车所通，人迹所至之处都有其产业。他甚至能控制各地市场上盐、粟等大宗商品的价格，豪富可与王侯相比。明嘉靖、隆庆间陕西大商人李尽己，从北到南在多地建有分号。各分号不仅要承担当地的经营业务，还要及时为总号提供各处市场情况、商品价格信息及地方治安状况等，对他正确决策及调控各地经营状况颇有帮助。

清代晋商亦非常注重商业信息的搜集，且其渠道颇具特色。晋商的大型商号多采用联号制，总号都会要求各分号按时反馈商情动态。各地分号了解到市场信息后，便通过信函报告总号，一般是三五日一函。信函内容十分广泛，凡与商业经营及金融有关的信息都在其中。为保守秘密，各家信函都有自己的暗语，一旦信函失落，得者也难晓其意。遇有重要情报，分号须派专人日夜兼程向总号亲口汇报，绝不让点滴信息落入他人之手。与徽商多靠宗族集会等机会交流信息要受到宗族内部诸多主观因素影响不同，晋商联号间的信息报告制度是企业管理中客观的硬性制度，更能保证商业信息及时有效的传递，更具有经济效率。①

四、"为商之要，在于得人"

常言说，"天时不如地利，地利不如人和"。在影响事业发展的诸多因素中，人的因素最为关键。许多事情的成败，莫不与是否善于用人和发挥人才的作用有关。商业经营亦是如此。春秋时的范蠡就曾提出"择人"和"不责于人"的原则，前者强调在经营中要选择合适人选；后者强调对选用者要用其所长，而不要求全责备，只要其人能胜任其工作，一般缺点无须计较太多。战国时的白圭则提出一名合格商人要具备智、勇、仁、强四种素质。"智"就是要通权变，

---

① 参见刘建生、燕红忠、张喜琴等：《明清晋商与徽商之比较研究》，山西经济出版社，2012，第661-663页。

权衡时机，出奇制胜；"勇"就是善决策，决策时要有决心和魄力；"仁"就是能"取予"，要遵守"人弃我取，人取我与"的基本原则；"强"就是要有耐心，别轻举妄动。若缺乏这些才能，在复杂多变的市场竞争中就无法胜任经商之事。①后世商人多能遵循这些原则。

明清时期，商业经营规模不断扩大，单靠个人的力量已很难完成采购、运输、销售等商业经营的所有环节，需要充分发挥经营团队的作用，从而使自己的经营获得成功。一些经营规模较大的商人已经役使大量伙计。他们选择伙计时除注重其德行外，还特别注意考察其有无经营才能。明代山东历城商人李宝在这一方面就很突出。他仔细考察乡里中有才能之子弟，令其经商，使人人累至千金。

精明的商人不仅要善于发现人才，而且要善于使用人才，主要表现在以下几个方面：

首先是用人不疑，大胆放心地给伙计以充分发挥能力的空间，发挥其创造力，从而使之给东家带来巨大的利润。这突出地表现在对职业经理人的使用上。

前文已述及晋商经营中的经理制，徽商也注意职业经理人的使用，不少富商大贾往往并不直接从事经营，而是聘请

---

① 参见吴慧主编《中国商业通史》第一卷，中国财政经济出版社，2004，第232页。

代理人或副手替自己经营。歙县商人许翁在江浙两省设典肆40余所，每个典肆均聘有管事经理，许翁自己长年居于家乡。有些徽商只管大的经营策略的制定或坐镇总店，至于分店则择人管理。明嘉靖年间，休宁商人孙从理在吴兴经营典当业，因经营得法，生意非常兴隆，于是又陆续设立了许多分店，十分谨慎地选择多名掌计，分别管理这些分店。他们在经营活动上一般不受店主限制，有着较充分的商品经营自主权。①

山东济宁玉堂酱园原为苏州一戴姓商人所开，后被当地大官僚世家孙家和开药店的冷家合资买下。清宣宗道光七年（1827年），孙、冷两家从伙计中挑选了精明能干的梁圣铭任总经理，具体负责酱园的经营。他们对梁圣铭非常信任，生产、经营、管理、人事和财务方面的一应事务都交由其全权处理，孙、冷二东家对酱园的具体业务不再干涉。梁圣铭在东家的支持下，进行了一系列改革：量才用人，从伙计中选拔管理人员；提高产品质量，引进新品种；实行"规矩牌"管理制度，严格管理和约束全店员工。为增加花色品种，他选派了一名聪明能干的伙计到苏州某酱园学习制作豆腐乳的技术，用了一年多的时间方才把配方及制作技术学到

① 参见周晓光、李琳琦：《徽商与经营文化》，世界图书出版公司，1998，第29—30页。

清末民初玉堂酱园的老招牌

手。梁圣铭又加以改进，最终生产出了口味、色泽均高于江南的豆腐乳，使玉堂酱园的产品有了"味压江南"的美誉。经过梁圣铭的精心经营，玉堂酱园逐渐成为当时济宁生产制造业中独一无二的大字号。资金由原来的1000两白银增加到39万吊铜钱，工人由原来的100多人增加到200多人，作坊增加到数百间，产品增加到50余种。玉堂酱园进入了孙、冷两家合资经营阶段的黄金时代。清德宗光绪元年（1875年）担任酱园总经理的陈守和是酿造专家、营销行家，担任总经理后，拓展了产品销路，使玉堂酱菜跻入皇宫，获得慈禧太后的赞赏，成为玉堂品牌"名驰京省"的主要功臣。

其次是知人善用，合理安排，充分发挥团队成员的特长。

《金瓶梅》中，西门庆的生意之所以取得成功，除依靠官府、偷税漏税外，与他知人善用有很大关系。第二十回中，西门庆开解当铺，对相关人员做了如下分工：

（西门庆）又打开门面两间，兑出两千两银子来，委傅伙计、贲第传开解当铺。女婿陈敬济只掌钥匙，出入寻讨；贲第传只写账目，称发货物；傅伙计便督理生药、解当两个铺子，看银色，做买卖。

西门庆在这里的分工很有讲究：一是根据亲疏关系来安排手下人的工作。西门庆这时没有儿子，陈敬济是他的女婿，在三人中和西门庆关系最近，是他最亲信的人，所以他安排陈敬济负责最重要的工作，"掌钥匙，出入寻讨"，掌管店铺的钥匙以及银钱的收支。这是店铺中最容易被人做手脚的地方，也是事后难以查对的地方，直接关系到西门庆的切身利益，所以安排自己的女婿来负责。二是根据个人的业务能力和特长来安排不同的工作。陈敬济原是一个富家浪荡子弟，对于经营中的具体业务是个外行，在三人中业务能力最差，所以西门庆不让他参与具体的经营业务，只安排他重要但业务要求不强的掌管铺子的钥匙及讨要债务等事，这就避免了他的弱项。安排贲第传负责专业性较强的"写账目"。安排傅伙计"看银色"，他经验丰富，看银色不会走眼，接待顾客老练周到。第三，分工明确，有利于发挥各人的长处。正是由于他善于用人，知人善任，所以才使店铺经营得很成功，"一日也当出许多银子出门"，到他死时，当铺资本已

发展到两万两。①

再次是恩威并用，既通过严明的规章来约束团队成员的行为，还注意以情义笼络人心，使其乐为己用，调动其积极性。

俗语云"本钱好求，伙计难得"②，许多精明的商人都注重以情义笼络人，对伙计表现出充分的尊重，增强其向心力。如明代山东聊城商人傅完贞对其门下高姓和徐姓两位主管，经常到其家探望，握手交谈，欢若平生，丝毫没有主人居高临下的样子。山东章丘商人高智视其门下经商者如亲友，从不恃财而对其有所轻视或盛气凌人。清代山东益都人丁瓒设肆于市，肆中伙计有偷货物者，有人劝他将该伙计赶走。他说："这是我的过错。他家中人口多，所得工钱不能赡家，才做出这样的事情。"他不仅没有将伙计赶走，反而给其双倍工钱。这必然会让伙计为他竭尽心力。

清蒲松龄的《聊斋志异·小二》篇讲述了山东滕县一个精明强干的女商人小二的故事。她开办琉璃厂，很善于管理，具体包括以下几个方面：一是注重工人的岗前培训，对

---

① 参见邱绍雄：《〈金瓶梅〉与经商管理艺术》，中国经济出版社，1995，第35-36页。

② 阎湘蕙辑《谚语类钞》卷四《工贾》，收入山东文献集成编纂委员会编《山东文献集成》第2辑第26册，山东大学出版社，2007，影印山东省图书馆藏民国二十六年钞本，第729页。

新招来的工人给予指导，使之做出的琉璃棋和灯式样新颖巧妙，能以高价迅速出售。二是明察秋毫，依靠严明的规章制度奖勤罚惰，对工人仆役的工作情况每五天检查一次，家中仆役工人几百口没有一个吃闲饭的。三是注重让工人劳逸结合。检查工作这天，晚上放假，夫妻二人摆上酒茶，与工人一起唱些民间小曲娱乐。经营者通过这些措施理顺与工人的关系，提高其劳动积极性。

从总体上看，明清时期的徽商在用人上更多的是以宗族关系的亲疏来考量，大量使用族内人员和奴仆。晋商（特别是一些票号大商号）在用人上普遍坚持所有权与经营权分离的原则，票号所有者经过严格考察和考核，重金聘用经理，并将票号全权委托经理经营。经理不是同宗之人，有的晋商甚至有意"避亲用乡"。经理拥有人事大权，东家绝不插手票号事务，也不过问日常盈亏，逢到账期（三五年不等）经理向财东报告盈亏。[1] 与他们相比，鲁商在用人上虽然也重视同乡关系，但和前两者相比要灵活一些。他们用人不分亲疏远近，也不管是同乡还是近亲，只要有才能都可以重用，但是在激励机制方面，较之晋商的制度还有不小差距。

---

① 参见王世华：《双子星座：徽商、晋商比较研究》，《安徽师范大学学报》2005年第6期。

五、"人无笑脸休开店，说话和气招财多"

消费者的需要是商家生存的关键和发展的动力。通过提供优质完善的服务来满足消费者的需要就成了商家提高竞争力的重要内容。俗语云"人无笑脸休开店，说话和气招财多"，强调的就是要对顾客热情接待。这在服务业和零售业中表现得尤为突出。他们在与客商打交道时，要求伙计对顾客一定要笑脸相迎，对顾客的问题要做到有问必答，给顾客一种宾至如归的感觉，以期留住更多的回头客，保持商号的兴旺。

元代山东地区有一方姓盗贼，后遇赦还家，更名易姓，到曹州委身于贾肆，"怡声伛体，口不二价"[①]，暗地里伺机再行盗窃。"怡声"就是声音非常柔和，"伛体"就是弯着腰，一副小心谨慎的样子。他之所以采取这种态度，固然与其心里有鬼有关，但更应该是经营店铺者的职业要求。轻声细语、对人和气热情、小心谨慎，应该是当时贾肆从业者的典型神态。

《金瓶梅》第六十六回中，应伯爵曾引用当时的俗语说："要的般般有，才是买卖。"他的意思是说做生意，经营品种

---

① 王德渊：《鲁盗说》，载李修生主编《全元文》第31册，凤凰出版社，2004，第20页。

越齐全，越能为顾客提供周到的服务，就越能吸引顾客，生意就会越兴隆。这句俗语也表明了商人对服务质量的高度重视。第七十二回中应伯爵教训李铭说："如今时年尚个奉承的，拿着大本钱做买卖，还带三分和气。你若硬撑船儿，谁理你？全要随机应变，似水儿活，才得转出钱来。"这里强调了商人态度和气的重要性。

明清之际成书的小说《醒世姻缘传》第六十九回中记述了山东泰安旅店的服务态度。当素姐随同老侯到泰安烧香，一行人行到泰安州校场内时，店主人宋魁吾所派的伙计便"欢天喜地的，飞跑迎将上来，拉住老侯两个的头口，说道：'主人家差俺等了几日了，只不见来，想是十五日起身呀？路上没遇着雨么？你老人家这向身上安呀？'"宋魁吾得知老侯将领香客来烧香的消息后，便提前派小伙计在路口候着。小伙计见着老侯便急忙迎上去，问寒问暖，如此态度怎能不让人心里舒服，甘心到其店中居住。小说中的描写是真实可信的，泰安张大山香客店是清代至民初的一个老字号客店，持续兴旺多年，除当时朝山的人多外，经营秘诀就是为顾客提供热情周到的服务，其策略共有五条：一是"会茬子"，就是派联络员外出拜会香客。每年秋后，客店派出伙计带着泰山的特产到各地会首家拜会，约好朝山的日期。二是主动接客上门。当香客到达之日，店中派出伙计到路口

迎接。把香客接回店中后，予以妥善安置。三是送客上山进香。第二天，店主人亲自将客人送到店门口，然后派人将顾客送上山。四是迎客下山。香客下山回店后，店主人亲自迎接。五是热情送客，联络感情。当客人离开时，店中设酒席饯别。① 如此热情周到的服务，怎能不令客人感动，店中生意又怎能不好。

明清时期出现了《生意世事初阶》《贸易须知》等诸多介绍经营知识和经验的商业书，既是初学经商者的入门指南，也是商人培养学徒的基本教材。这些书的内容不断被增删调整，甚至被某些地区的商人改易为更符合当地人方言习惯的版本，表明其中所述已成为各地商人的基本信条，其中都有强调热情待客的内容。下文以清中叶王秉元的《生意世事初阶》为例加以说明：

首先，在整个交易过程中都要热情接待。顾客进店时，店员要挺身站立，神态要礼貌端庄，回答问话要声音响亮，给顾客留下良好印象。洽谈生意时，要谦恭逊让，和颜悦色，要让人感觉"如春天气象，惠风和畅，花鸟怡人"，言语之中不可表现出冷淡刻薄，诡诘奸诈，尤其不能触及对方短处。言语要适度，但不要太多，以免令人生厌。如果多

---

① 参见袁爱国：《泰山风俗》，济南出版社，2001，第23—25页。

言，讲得又不在理，反倒容易让人怀疑是个骗子。做生意时，要"言如胶漆，口甜似蜜，还要带三分奉承，彼反觉亲热，买卖相信。如最相熟者，还可说两句趣话"，如此一来，无论多大生意，没有谈不成的。

其次，接待顾客时要耐心谨慎，不能使顾客心生不满。最重要的是不能以貌取人，不论贫富，要同样应酬。只要有钱买货，即使是乞丐，也要热情接待，因为商人不是"应酬人，不过以生意为重，应酬钱而已"。行事不能性急，性急则生意难成。生意不成往往是言谈未到之故。对那些嫌货物贵的顾客，店员要耐心解释贵的原因，使买者自然信服。对那些批评货差的顾客，应本着"褒贬是买主，说话是闲人"的认识，要婉言解释。对那些还价不到本的顾客，也要迁就，必须以笑容相待，详细耐心解释，且不可潦草大意。若有女子来买东西，切勿笑言戏谑。

再次，讨价还价时要随机应变，灵活以对。做生意，手既不能太紧，也不能太松，"生意过滥则伤本，太紧则无人投奔，须要看人活变。如有所图者，作今日不成钱，还有下次扳本，不可不深察也"。报价亦有技巧，要留有余地和退步，"开口价钱，须留些退步。时下生意老实不得，要放三分虚头。到后奉还，彼是信服的。你若突然说实在价，买者未能全信，决不肯增，只有减的"。对于只是随便问价，并

无真心实意要购货者，店员可顺水推舟，以本价卖给他，即"请客之法"。倘若有人听到报价后要来购买，也得卖给他，从此以后恐怕还会有联系和交易也说不准，这叫"拉主顾"。如果是滞销的货物，有人前来问价，店员报价须实事求是，不可过于离谱。一旦报价过于离谱，对方听后觉得讨价还价没有影子，就会咋舌而去，交易自然没有希望。即使是过路生意，也只可比大市场价格略高一些。若想一倍两倍地赚钱，对方不来购买，你又有什么办法？如果是遇到奇缺的紧俏货，就可不拘泥于固定价格，即使一倍的价卖到十倍，也没有关系。要把握顾客的心理，以达成交易为目标，"生意还价不到本，是不卖的。还价过了头，是不卖的。或还价在路上，疑而不决，恍惚不定者，是不卖的。价不到本不卖，是真不卖；他还过了头不卖，是假不卖，何也？犹恐他反悔犯疑，我故意不卖，是拿他一着，令他不能反悔。还价是路上，而游移不决则不卖，亦是假不卖，何也？你若就卖与他，他只管赚货丑，吹毛求疵。有一点不中他意，就不买了。必须缓言相待，将话足了他，使他不能反悔改口，须三收三放，让他站在柜前，有不得不买之势，必须软中泛硬，硬中泛软。总而言之，皆不放他出门之意"①。

---

① 郭孟良编译《从商经》，湖北人民出版社，1996，第174-209页。

以上经验虽是据 18 世纪以前商业经营的实践形成的，但待人接物乃至讨价还价的论述直到今天亦不过时，对商业经营尤其是零售业仍有很强的指导意义。

六、"卖瓜的不说瓜苦，卖盐的不说盐甜"

"卖瓜的不说瓜苦，卖盐的不说盐甜"，讲的是商业经营者夸赞自己的商品，极力为之做广告。商业广告作为传递商品信息和推销商品的一种手段，是商品交换发展到一定阶段的产物，并随着商业的发展而不断进步。

在传统社会中，商业广告主要有如下几种形式：

第一，市声广告。吆喝叫卖，敲击乐鼓，吟唱歌谣，以此引起人们的有意或无意注意。市场上此起彼落的叫卖声，常被称为"市声"。市声广告主要指叫卖广告或响器广告，是最原始、最简便的广告形式，主要为走街串巷的小商小贩所采用，几与商业贸易同时产生。

传统的吆喝叫卖和单纯的音响广告，尽管具有简朴韵律，但不断重复，未免单调乏味，难以吸引人们。在宋代以后民间说唱艺术流行的背景下，谋求生计的商人想方设法地利用说唱艺术创造出丰富多彩的招徕艺术。《水浒传》第七十四回中燕青曾扮作山东货郎：

腰里插着一把串鼓儿，挑一条高肩杂货担子，诸人看了都笑。宋江道："你既然装作货郎担儿，你且唱个山东货郎转调歌与我众人听。"燕青一手拈串鼓，一手打板，唱出货郎太平歌，与山东人不差分毫来去。

这里提到的"货郎太平歌"就是指货郎的韵语说唱招徕市声，是当时挑担叫卖杂货的货郎做生意时的一种惯用方式。货郎用作代声的器物在某一地区大都约定俗成、相对固定、特色鲜明、易于辨识，且深为民众所熟悉。燕青通过吟唱，都能把货郎的特征显现出来，可见其独特的韵律、词曲和乐器具有十分明显的行业标识作用。

宋李嵩绘《货郎图》

清光绪《祥符县志》卷九《市集·行货》中用浅显、生动的文字记述了清代开封小贩使用响器广告的热闹情况：

有摇小鼓，两旁自击，卖簪珥、女笄、胭脂、胡粉之属者；有鳞砌铁叶，进退有声，磨镜、洗剪刀者；有摇郎当，卖彩线、绣金者；有小旗招展，携巾箱卖零星绘帛者；有阎阎析声，执杓卖油者；有拍小铜钹，卖豆沫者……有入夜击小钲卖饧者。

第二，招幌广告。招幌是"招牌"与"幌子"的复合式通称，是工商业及其他各行各业向社会宣传经营内容、特点、信誉及档次等信息以招徕生意的标识性广告方式，是一种特定的行业标识和信誉标志，也是一种通过视觉传播的传统广告民俗和民俗语言艺术。[①] 招幌主要以图案、造型和文字符号传播招徕信息，许多长久约定俗成的招幌，以它特有的简明标识广告作用引导消费。比较原始的招幌应当是实物招幌，即经营什么就展示什么。这样虽有较强的局限性，但却具有取材方便、简便易行、成本低廉、直观明了的优点。

招幌广告中，以酒店招幌最为常见。唐宋诗歌中有大量关于"酒旗"的描述。宋元时酒店幌子的名目日益增多，《水浒传》里写了60多家酒店，单是招幌就有酒旗、酒望、酒帘、酒筛、招旗、草帚等不同名目，不仅使人望而知其为酒家，还大体可区别出酒店的规模及消费档次。

明清时期，招幌更加丰富多彩，商人更加注重店铺的字

---

① 参见曲彦斌主编《中国招幌辞典》，上海辞书出版社，2001，第2页。

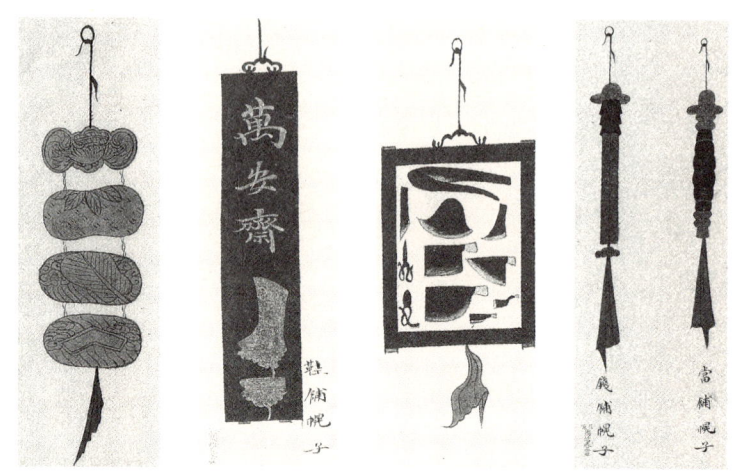

清末周培春绘北京点心铺、鞋铺、刀剪铺、钱铺和当铺幌子

号。清人朱彭寿收集店铺字号的常用吉利字作了一首诗：

> 顺裕兴隆瑞永昌，元亨万利复丰祥。
>
> 泰和茂盛同乾德，谦吉公仁协鼎光。
>
> 聚益中通全信义，久恒大美庆安康。
>
> 新春正合生成广，润发洪源厚福长。[①]

这些字大都含有兴旺、发达等含义，寄托着商人的美好愿望；有些字含有突出仁德、重视道义、追求和谐等内蕴，体现了商人在经营上的道德追求。

---

① 朱彭寿：《安乐康平室随笔》卷六，何双生点校，中华书局，1982，第273页。

第三，印刷广告。这是古代最先进的一种广告形式。它是在印刷术发明并广泛应用的基础上发展起来的。宋代，随着活字印刷的发明和雕版印刷业的不断发展，开始出现了工商业印刷广告。

现存于中国国家博物馆的北宋济南刘家功夫针铺广告印刷铜版，是迄今发现的世界上最早的工商业印刷广告实物，充分体现了宋代商业广告的水平，是古代广告技术发展的一个重要标志。这块铜版长 12.4 厘米，宽 13.2 厘米，上部横刻的是"济南刘家功夫针铺"八个字；中间重点突出商品标记，是一幅白兔捣药的图案，左右两侧刻有"认门前白兔儿为记"的标注；铜版下方有对产品的质量、制作和使用效果等进行宣传的七行小字："收买上等钢条，造功夫细针，不误宅院使用。客旅兴贩，别有加饶。请记白。"该广告不仅画面布局合理，构图严谨，用神话传说作为商标图案，而且对产品的用料、质量、制作方法和代销的优惠条件都做了说明，文字翔实具体，又简明扼要。这个铜版既可用来印刷广告传单及招贴，又可用来印刷包装纸，

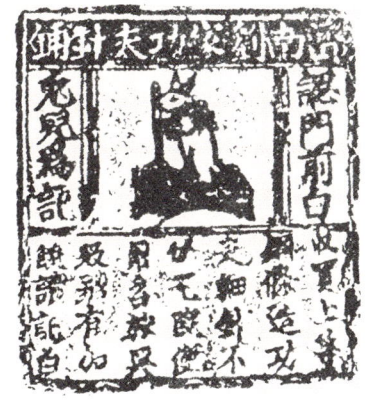

北宋济南刘家功夫针铺广告铜版拓片

也可作为产品说明书，一举两得。

从中国商业广告的发展历程来看，宋元时期是一个重要阶段。这一时期，不仅广告形式更加丰富，而且广告技巧和广告内容也有很大发展。

在广告形式上，印刷广告的出现为广告提供了先进的传播手段，使广告突破了时空的限制，较之以前的口头广告不仅寿命长，而且传播范围广。印刷广告出现以前，各地广告的形式都长期保持着初始形态——或借助手写、手画，或借助人声和其他肢体语言。对商品信息，一般只能凭人脑记忆，靠口头交流。由于口头广告无法记载，又由于各地方言差别较大，绝大多数广告信息的传播范围很有限。市声广告、招幌广告等只能在销售现场进行广告宣传，所产生的影响力也有限。印刷广告的出现可使一些信息得以长久保留，也可脱离销售现场，被人携带到遥远的地方进行传播，信息也可被大量复制，极大地扩大了广告的传播范围。

在广告技巧上，除注重消费环境的营造和利用名人效应外，巧设悬念是引人注目的重要手段，即在广告中故意设置疑团，吊起受众的胃口，以唤起他们对广告内容的兴趣和关注。宋元时期已有一些成功的案例，其中以《水浒传》第二十三回中的景阳冈酒店最为典型。下将记述武松在该处喝酒的文字录下：

武松在路上行了几日，来到阳谷县地面。此去离县治还远。当日晌午时分，走得肚中饥渴，望见前面有一个酒店，挑着一面招旗在门前，上头写着五个字道："三碗不过冈。"武松入到里面坐下，把梢棒倚了，叫道："主人家，快把酒来吃。"只见店主人把三只碗、一双箸、一碟热菜，放在武松面前，满满筛一碗酒来……恰好吃了三碗酒，再也不来筛。武松敲着桌子叫道："主人家，怎的不来筛酒？"酒家道："客官要肉便添来。"武松道："我也要酒，也再切些肉来。"酒家道："肉便切来添与客官吃，酒却不添了。"武松道："却又作怪！"便问主人家道："你如何不肯卖酒与我吃？"酒家道："客官，你须见我门前招旗上面明明写道：'三碗不过冈'。"武松道："怎地唤作'三碗不过冈'？"酒家道："俺家的酒，虽是村酒，却比老酒的滋味。但凡客人来我店中，吃了三碗的，便醉了，过不得前面的山冈去。因此唤作'三碗不过冈'。若是过往客人到此，只吃三碗，更不再问。"武松笑道："原来恁地。我却吃了三碗，如何不醉？"酒家道："我这酒叫作'透瓶香'，又唤作出门倒。初入口时，醇酽好吃，少刻时便倒。"武松道："休要胡说！没地不还你钱，再筛三碗来我吃！"酒家见武松全然不动，又筛三碗……前后共吃了十八碗，

绰了梢棒，立起身来道："我却又不曾醉！"走出门前来笑道："却不说'三碗不过冈'！"手提梢棒便走。

通过以上叙述，可看出这个酒家的经营艺术。"三碗不过冈"，酒家通过精心构思，表面上劝客人少喝为佳，但实质上仍是要多卖酒。他以三碗为限，声称喝他的酒超过三碗就会醉倒，过不得景阳冈，最终会耽误了行程。这恰好激起了客人的逆反和好奇心理，许多人就想试一试，看你酒家是不是吹牛。碰上武松这样的好汉，你劝他这酒三碗不过冈，喝醉了没药医治，他首先会瞪眼，若再劝，他便要烦躁，骂说："我吃一碗还你一碗的钱，又不白吃你的！"这样，酒就可以多卖出一些，武松更是一连喝了十八碗。客人要是醉了，走不了更好，再赚他一份店钱。短短的"三碗不过冈"五个字，竟有这样一箭双雕的作用，令我们不能不赞叹店家的精明。

在广告内容上，宋代以前商业广告宣传的商品信息基本上都是针对消费者的物质需求，但从宋代开始，出现了一些针对消费者文化需求的广告，比较多的是书籍广告，如宋高宗绍兴二十二年（1152年）临安荣六郎书籍铺刻《抱朴子内篇》书后有如下文字："旧日东京大相国寺东荣六郎家，见寄居临安府中瓦南街东，开印输经史书籍铺。今将京师旧

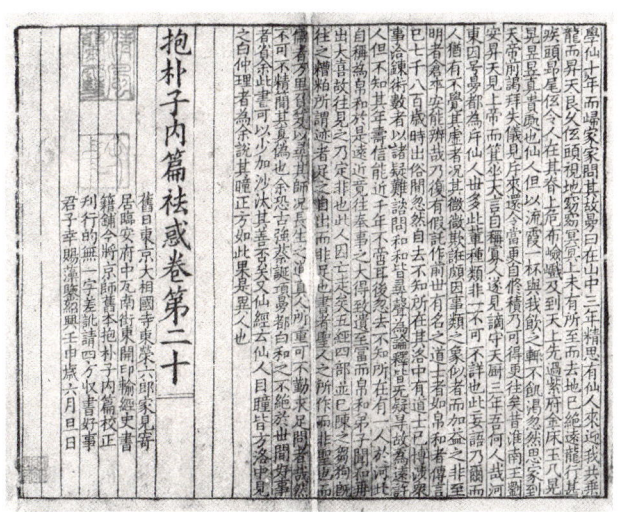

南宋绍兴二十二年（1152年）临安府荣六郎家刻本《抱朴子
内篇》书后广告

本《抱朴子内篇》校正刊行，的无一字差讹，请四方收书好
事君子幸赐藻鉴。绍兴壬申岁六月旦日。"此外还有文艺演
出广告。金元之际的散曲家杜仁杰曾写过一套著名的散曲，
叫《【般涉调·耍孩儿】庄家不识勾栏》，生动传神地描写
了当时一个农民到城里"勾栏"看戏的所见所闻：

　　风调雨顺民安乐，都不似俺庄家快活。桑蚕五谷
十分收，官司无甚差科。当村许下还心愿，来到城中
买些纸火。正打街头过，见吊着个花碌碌纸榜，不似
那答儿闹穰穰人多。

【六煞】见一个人手撑着椽做的门，高声地叫"请！请"，道"迟来的满了无处停坐"。说道"前截儿院本《调风月》，背后么末敷演《刘耍和》。高声叫，"赶散易得，难得的妆哈"。①

第一首曲写农民进城买纸钱香火还愿，偶然发现街头挂着"花碌碌纸榜"，即演戏的招子，就是演出时挂在街头的相当于海报的演出广告，许多人围在那里观看。第二首曲写农民看到用细长木条搭成的勾栏门口，一个人在高声招徕顾客，从他的吆喝中知道这次演出的两个剧目是院本《调风月》和么末（杂剧）《刘耍和》。他还故意制造紧张气氛，高声招揽顾客道："请！请！晚来的恐怕连地方也没得坐了。"后面又大喊："赶散场的散乐容易看到，而像这样精彩的杂剧演出却很难赶上！"这两句是吸引观众的语言。可见，这家勾栏在进行广告宣传时把吆喝广告与书面文字广告结合起来，从听觉和视觉上对消费者进行双重刺激，宣传效果一定不错。

从明代到清前期，商业广告更加普遍，内容更加丰富，但形式和技巧基本上没有超过宋元时期。晚清时期，随着近

---

① 孔繁信：《重辑杜善夫集》，济南出版社，1994，第66-67页。

代新式报刊的大量出现，商业广告有了新的传播媒介，报刊广告逐渐成为广告的主要形式。对报刊广告的优长之处，上海最早的中文报纸《上海新报》在 1862 年 5 月 28 日的创刊号上发布启事称：

> 大凡商贾贸易，贵乎信息流通。本行印此新报，所有一切国政军情、市俗利弊，生意价值，船货往来，无所不载。类如上海地方，五方杂处为商贾者，或以言语莫辨，或以音信无闻，以致买卖常有阻滞。观此新报，即可知某行现有某货，定于某日出售，届期亲赴看货面议，可免经手辗转宕延，以及架买空盘之误。又开店铺者，每以货物不销，费用多金，刷印招贴，一经风雨吹残，或被闲人扯坏，即属无用，且如觅物、寻人、延师、访友，亦常见有招贴者，似不如叙明大略，印入此报，所费固属无多，传闻更觉周密。又有客商往来通商各口，每以舟楫不便为憾，此报载列各船开行各口日期，于附搭、寄信等事甚便，阅此无不备悉。

该报除少量新闻报道外，大部分版面都用来刊登广告。1872 年创办的《申报》登载广告也很多，1902 年创刊的《大公报》很长时间都是用一半版面刊登广告。随着商人

对广告作用认识的加深，报刊商业广告越来越多。许多广告手法新颖，用词巧妙，在布局上也独具匠心，并关注消费者追求实惠、好奇、求新求异的心理，从生硬介绍推销走向以说服为主，广告的作用和效果日益显现，正如上海一首竹枝词形容的那样：

> 纷纷登报为招徕，何业何方择日开。
> 只要价廉兼物美，一经上市便增财。①

总之，广告在商业中的地位越来越重要，并逐渐形成了广告业这一新的行业。

① 颐安主人：《沪江商业市景词》卷四《登报招生意》，收入顾炳权编著《上海洋场竹枝词》，上海书店出版社，2018，第212页。

第六章

传统国家商业政策和制度的完善

　　商业政策是国家对工商业和工商业者的政策。中国古代国家制定工商业政策的目的往往不是为了促进工商业的发展，而是主要为了满足统治者生活等的需要和增加国家的财政收入以维护统治。在此目的下，国家甚至直接参与商品生产和流通，扮演着"商人"的角色，与私营工商业者争利。重本抑末政策并非真正抑制商业，对国家充当"商人"并不限制，其真正抑制的是私营工商业。市舶制是国家垄断海外贸易之利的主要措施，其逐渐强化的垄断性与外贸发展所需要的自由和宽松环境相违背，在很多时候还限制和剥夺民间自由贸易的权利，最终阻碍了外贸的发展。商业政策的制定亦不能完全不顾商品经济发展的水平及商人阶层力量的壮大，故而到唐宋时期，无论是禁榷制，还是承袭均输与平准

具体做法的市易法等，在具体实施过程中都允许商人参与其中，由国家完全垄断转向官商共利，并成为宋代以后禁榷制度等的基本发展趋势。商业政策的制定有时还要基于政治统治的稳固。明清时期厉行海禁的出发点就是为防止沿海民众与海外发生联系而危及政治统治。

一、重本抑末的理念与实践

重本抑末是中国历代王朝为维护财政利益和政治统治而推行的基本经济政策。

重本抑末政策包括重农政策和抑商政策两个方面。重农是指重视农业生产。以农业为社会经济的"根本"，视农业为"本业"，又称为"重本"；抑商是指抑制民间私营工商业的发展与壮大，以民间私营工商业为社会经济的"支末"，视其为"末业"，又称为"抑末"。重本抑末政策，把重农和抑商统一起来，主张要实现重农就必须抑商，或者说必须实施抑商才能实现重农，抑商服务于重农。

重本抑末政策并不是中国古代社会与生俱来的，而是有一个从思想到政策的产生形成过程。春秋战国时期，民间私营工商业日趋壮大，不少私营工商业者积累起巨额财富，富比王侯，甚至"拟于人君"，对国家的等级秩序、统治秩序造成了强烈冲击；他们还凭借资产兼并农民的土地，武断乡曲，对国家的统治基础造成了强烈冲击；工商业比农业优越的经济绩效引发农民大量放弃务农，转而从事小工小商经营，冲击破坏了社会经济的基础。面对这种情形，统治阶级中的许多人从国家的根本统治利益出发，开始思考针对民间私营工商业的对策，逐步产生并形成了重本抑末的思想和政策。其核心主张是要巩固国家政治统治，必须重农，而要真正做到重农，就必须抑商，必须抑制私营工商业的高度发展。儒家、道家、法家各学派在这一点上没有多大分歧。如孟子劝说梁惠王"不违农时"，但却指斥商人是"贱丈夫"；李悝辅佐魏国所采取的政策是"尽地力之教"和"禁技巧"，即发展农业，抑止手工业；荀子认为"工商众则国贫"。重本抑末的思想也由此形成。其中以《管子》和《商君书》的论述最为典型。

重本抑末思想成为国家政策并得到切实推行，开始于管仲在齐国的改革。后来，商鞅在秦国变法时，将重本抑末政策作为国家的基本政策强力推行，实行了更加严厉全面的具体措施，标志着中国古代王朝国家重本抑末政策的全面成形。到韩非子主政时，秦国明确了"农本工商末"政策，把工商业者视为国家的"五蠹"之一，明确主张铲除"五蠹之民"，抑商政策的极端化进一步强化。秦始皇统一全国后，在全国范围内推行"勤劳本事，上农除末"政策，甚至

把商人和罪犯一同看待，多次遣送商人到边境地区戍守，加以严酷打击。

秦朝自商鞅变法以来的重本抑末政策，标志着中国古代国家重本抑末政策臻于成熟。它所采取的具体措施也探索出了成功的实践经验，对后世王朝继续推行该政策，既提供了成熟系统的理论，又提供了卓有成效的运作模式，对中国古代经济发展进程和社会发展进程产生了重大影响。自秦朝以后的历代王朝将重本抑末政策作为一项基本国策加以推行，并由这一基本政策衍化出轻商、贱商、鄙商的观念和意识，形成一个包括意识、观念、思想和政策在内的有机整体，根深蒂固，一直到鸦片战争爆发前后，重本抑末政策才开始走向破产消亡。重本抑末政策基本上与中国古代帝制王朝相始终，其中秦朝、汉朝、唐朝、明朝、清朝时期的重本抑末政策具有典型性，突出反映了国家对社会经济的干预支配和操纵控制。

历代统治者把发展农业作为国家大事来抓，采取鼓励农业和抑制民间私营工商业的措施，将尽可能多的劳动人手固着于土地之上，最大限度地实现劳动力资源与土地资源的直接结合，来切实稳固和推动农业生产的发展，并从根本上维护国家政权统治，是十分必要的，也是必然的。

历代王朝推行重本抑末政策，运用政治权力，采取超经

济方式对民间私营工商业实施抑制打击，本质上是与社会经济整体发展要求和发展规律相矛盾的。重本抑末政策存在明显的思想认识缺陷和政策缺陷，即把农业与民间私营工商业简单对立起来，把民间私营工商业机械地看成是农业的危害和破坏力量，只看到了农业与民间私营工商业之间的矛盾对立，而没有看到农业与民间私营工商业之间的联系互补，没有看到民间私营工商业对农业的促进拉动作用。这种认识缺陷和政策缺陷成为不少王朝推行抑商政策甚至极端化的思想根源。也可以说，由于思想认识上只看到了民间私营工商业对农业的危害，并一味强调夸大了这种危害，所以许多王朝在推行抑商政策时往往会走向极端化。中国帝制王朝时期推行的禁榷政策都是极端化的抑商政策。重本抑末政策的长期推行，严重干预和扭转了社会经济的运行态势和运行结构，阻碍了社会的发展进步。重本抑末政策也失去了其历史合理性和进步性。①

二、禁榷制度的演变及影响

禁榷制，今称"专卖制"，指国家对某些大宗商品的运销乃至生产限定专门机构独占经营和管理的制度。这样

---

① 参见刘玉峰：《资政通鉴：中国历代经济政策得失》，泰山出版社，2009，第55-71页。

既可实现政府对经济的干预，也可与商人争利，增加国家财政收入。

禁，禁止；榷，独木桥；两者连用指某行业由官府垄断，禁止私人经营，利出一孔，犹如过独木桥。一般认为禁榷制源于春秋时期齐国管仲实行的"官山海"之策，即把山海资源收归国有，实行盐铁专卖。此后，禁榷制度被多个朝代或政权所采用，目的主要是通过垄断经营获得更为丰厚的财政收入。在历史上实行禁榷制的王朝中，以西汉、唐、宋最为典型。

西汉是禁榷制的定型期。汉初允许自由经营工商业，出现了许多因经营盐铁而巨富的富商大贾。汉武帝即位后，大举对外用兵，加上自然灾害频发及大兴土木，财政日益紧张，亟须开辟新的财源。汉武帝元狩四年（前119年），汉武帝任用齐地大盐商东郭咸阳和南阳的大冶铁商孔仅为大农丞，领盐铁事，让他们与桑弘羊共同策划盐铁官营的事宜。具体做法是在全国设立盐官和铁官专职负责盐铁事宜，铁器生产和销售统一由官府经营，禁止民间私营；允许私人生产盐，但由官府收购和销售。这项政策对当时获利最大、同时也是对国计民生影响最大、商品化程度最深的两种商品实行禁榷，很大程度上堵塞了私营盐铁的富商大贾获利之途，从而把以前绝大部分流入盐铁私商手中的丰厚利润转入国库，为国家开辟了新的稳定财源。当时还实行了酒的禁榷，由官府自酿自卖，不许私人经营。武帝时的禁榷制度无论是在政策的具体内容和运作模式上，还是在禁榷商品的选择上都为后世提供了一个可供借鉴和参考的范例。

山东莱州出土的汉代"右主盐官"铜印印文

唐代禁榷制有了进一步的发展。唐前期并未实行禁榷，但安史之乱后，国家财政日益困难。为广开财源，不仅对盐、酒实行禁榷，还因为当时饮茶之风的盛行，从唐文宗太和年间开始把茶也纳入了禁榷的范围。从运作模式上看，唐代盐法由官营官销的直接专卖制转向官收商运商销的间接专卖制，由官府独利转变为官商共利，反映了禁榷制的发展趋势，对后世影响很大。唐肃宗乾元元年（758年），任命第五琦为盐铁转运使，开始榷盐，其仍采用汉武帝时的官营官销制，食盐的生产、收购、销售完全由官府控制。这种做法需要设置大量机构和人员，增加了运营成本，效益不高，于是又有了理财名臣刘晏对盐法的改革。刘晏将商人和商业机制引入榷盐法，改官收官运官销为官收商运商销，国家只掌握食盐生产和总批发两个环节，将榷税寓于批发价格之中。

刘晏的做法不仅可节省国家的财政开支，还可提高商人的积极性，使盐商成为国家榷盐制度的有力推行者。他的盐法改革最终取得了巨大成功，使盐利成为唐王朝财政的支柱之一。

宋代禁榷制在唐代的基础上继续发展和扩大。首先是禁榷的范围扩大，除盐、酒、茶外，香料、矾、醋等都被纳入其中。其次是专卖方式的复杂多变，虽几经波折，但总的来看仍是向着间接专卖制发展。除酒实行官酿官卖和民户买扑经营并行的制度外，其他商品的专卖几乎都实行了允许商人参与其中的钞引制。再次是专卖收入在宋代已接近两税收入，与两税一起构成宋代财政的两大支柱。

明清时期，禁榷制在商品经济的冲击下逐渐走向衰落。明初即废除了酒的专卖，只对关系国家大政的重要产品如盐、茶进行专卖。在运作模式上，则从明初的严密、封闭向明中后期与清前期的松弛、开放转变。食盐专卖由明初的开中制演变为纲运制，到清中叶纲法趋于瓦解，被自由通商的票法所代替；同治、光绪年间纲法又重新复活。明初，官府对茶叶专卖控制极为严密；明中后期由于允许召商买茶，民间商人开始介入官方控制极严的茶马贸易中，最后导致商买茶制度的形成。至清中叶，官茶马贸易最后废除，内地茶叶专卖更是有名无实，基本由民间自由贸易替代。

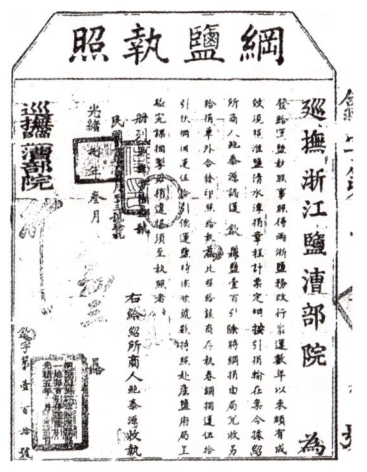

禁榷制虽增加了历代国家的财政收入，在某种程度上有利于国家的稳定和发展，但这种国家利用政治权力对一些商品实行垄断的做法与商品经济的发展趋势相矛盾，以致最终影响了社会经济的发展，其必然因为商品经济的冲击而走向衰微。[①]

清光绪年间的纲盐执照

三、发达健全的市场管理制度

中国古代的市场管理制度在先秦时期已有所发展。当时实行工商食官制度，即工商业均由官府设立，为官府服务，故官府对工商业的管理也不遗余力。一般认为是成书于战国时的《周礼·地官》篇中就专门设计了一套完整而烦冗的市场管理制度，包括市场的开设、官吏设置、商品陈列、物价管制、交易规则及商税征收等。这虽不一定完全符合当时历史的实际，但奠定了后世市场管理制度的理论基础。

经过汉魏时代的发展，到唐代已形成了比较健全的市场

---

① 参见林文勋、黄纯艳等：《中国古代专卖制度与商品经济》，云南大学出版社，2003，第1—376页。

管理制度，主要包括以下几个方面：

第一，市场置废和市籍制。市场置废均由官府掌控。唐中宗景龙元年（707年）十一月，唐中宗颁布《检校市事敕》，强调市场必须设于州治或县治以上的政府所在地。各级市场都是由官府根据城市建设规划需要而划出的特定区域，与居民区用墙严格分开，市墙外不准买卖。为在市内经营牟利的工商业者建立市籍，限制了工商业者队伍的壮大。

第二，市场行政管理体系。唐代从中央到地方均有专门负责市场管理的行政机构。太府寺是负责市场管理的最高行政机构。长安东西两市和洛阳南北两市由市署和平准署负责管理。地方州府和县所设市有市令、市丞、市佐、市师等，在地方官府管辖下负责市场交易的正常进行。

第三，市场交易管理。确保入市产品的质量和规格，禁止不合格产品入市交易；为奴婢、牛、马等特殊交易的双方订立契约，加盖官印，以免纠纷；严格执行全国统一标准的度量衡器及检验制度；集中排列各类商品，立为不同的行，标注行名，以便于交易和管理；对市场内出售的各类商品按质量高低，依照市场行情制定出三种时价，十天调整一次；征收交易税。

第四，市场秩序管理。定时开关市门，在规定时间外不允许交易；出入必由市门，严禁越墙或从沟渎进出；禁止筑墙造舍侵及市场；严禁无故在市中走车马；严禁故意扰乱市场或制造骚乱；打击欺行霸市非法牟利者和垄断物价者；禁止在市内进行非法政治活动。

第五，边地及外贸市场管理。对边境地区和海外贸易市场，还有一些特殊规定，如：中外商人出入国境必须申领凭证，出入关时交付官员检查后方可放行；中外商人只有在法定交易日才可在边境互市交易，物价由互市监与外商协商确定；禁止丝织品、金银珠宝、铁器、兵器等出口。

由上可知，唐代已建立起由国家主导的严密的市场管理制度，充分反映了唐代市场的封闭性。其中关于度量衡、商品质量、市场秩序等的一些规定，有其经济管理的科学性和规范市场的合理性，但总体上看，制度的出发点主要是为了确保国家对商业流通的严格控制，而非推动商业贸易发展。

从唐中期开始，随着市外交易增加、夜市和乡村草市发展等，以封闭为特征的市场管理模式既不能适应经济发展的需要，也日益无法满足官府对市场管理的需要。宋朝建立后，从制度上承认并推动了这些变革，如废除坊市制和市籍

制，允许夜间交易，乡村墟市"贸易皆从民便"①，基本放开市场定价权等，废止了此前在空间、时间和从业者等多个方面对市场的限制。宋代还对唐代维护市场和交易秩序的一些做法予以继承和完善，尤其是加强了对契约的规范化管理。这一系列措施极大地释放了市场的活力和各阶层投身商海的热情，确保了交易的顺利进行，有利于宋代商业的繁荣。此后的元、明、清各朝代基本上保持了减少国家直接干预市场的做法，确保了商业的持续发展。

四、闭关与开放：海外贸易政策的变迁

中国古代国家的外贸政策无论是闭关，还是开放，其主导倾向一直是统治和限制。明代以前对海外贸易长期奉行开放政策，以市舶制为基本管理制度。

市舶使出现于唐玄宗开元二年（714年），始置于安南，唐玄宗开元十年（722年）后移置于海外贸易中心广州。市舶使最初只是为皇室采购舶来珍异物品的专使，唐德宗以后职权已扩及外商与外贸之综合管理。

市舶制到宋代已较完善，具体表现在市舶机构数量增加、官员设置日趋完善、职权更加清晰、相关制度日益完备

---

① 马端临：《文献通考》卷一四《征榷考一》，上海师范大学古籍研究所、华东师范大学古籍研究所点校，中华书局，2011，第410页。

等方面。

宋代管理海外贸易的机构叫市舶司。宋太祖开宝四年（971年），首先在广州设立市舶司，即广南路市舶司。宋真宗咸平二年（999年），杭州、明州（今宁波）相继置市舶司，即两浙路市舶司。宋哲宗元祐二年（1087年），又

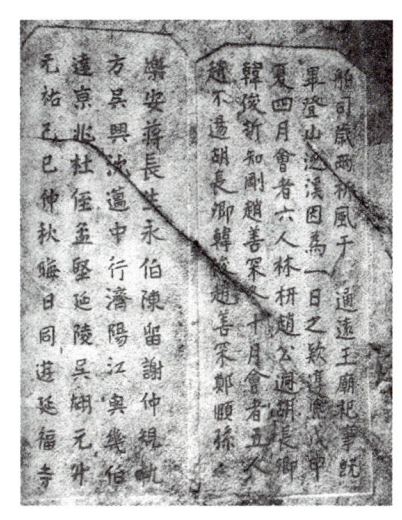

南宋泉州市舶司官员祈风题记石刻，位于今福建泉州九日山东峰

在泉州设市舶司，即福建路市舶司。以上合称"三路舶司"。宋哲宗元祐三年（1088年），又在密州板桥镇（今属山东胶州）设市舶司。这是唯一设于北方的市舶司。另在秀州华亭县等一些新起的小口岸设有市舶务或场，作为市舶司的下属机构，具体负责课税检查。南宋时，密州因落入金人之手，该处市舶司不复存在；宋孝宗乾道元年（1165年）罢杭、明两处市舶司，但仍保留各处的舶务和舶场，市舶司集中在广州与泉州。

至于市舶司的主管官员提举市舶使，从宋初至宋神宗元丰三年（1080年）多由地方州郡长官兼领，官属亦非专职，市舶司有如虚设，很难谈得上对海外贸易进行系统的管

理；宋神宗元丰三年（1080 年）至宋徽宗崇宁初，提举市舶使由转运使兼领，其主持下的市舶司开始成为一个常设且权力集中的专门机构，不受州郡官吏的牵制，直接听命于中央，可比较有效地协调各方面的关系，有利于贯彻朝廷的各项决策，对海外贸易实行统一管理；徽宗崇宁年间改行"专置提举"制，即由朝廷派人担任专职的提举市舶使，进一步将市舶司置于朝廷的直接控制之下，市舶司成为中央的派出机构，有"朝廷之外府"之称。此种情况一直延续到南宋灭亡。①

宋代市舶司的职能主要有：第一，颁发"公凭""官券"等许可证，查处漏舶。进出口商舶必须持有市舶司发给的允许进港或出洋的公凭。商人出海贩易，要到市舶司请给官券，违反者没收货物。宋徽宗崇宁三年（1104 年），颁布了番客（外商）及土生番客（出生在中国的外商）到京城及各地经商的公凭申请办法，规定其必须经市舶司审核，给予公凭后方可到各地经商，沿途应接受官衙的查验，并不许夹带违禁物品及奸细之人。第二，征收舶税。宋代征收进口税，称为"抽解"，也叫"抽分"。货分粗细两色抽解，粗色指一般进口货物，细色是名贵进口货物，税率不等，一般

---

① 参见廖大珂：《试论宋代市舶司官制的演变》，《历史研究》1998 年第 3 期。

为 1/15 或 1/10，高者达 3/10 或 4/10。第三，收买舶货。市舶司对粗细货物抽解后，余下部分根据货品的好坏及朝廷的需求适当收购，并出售牟利。收购后的剩余部分允许民间贸易。第四，招徕互市，对外商以礼相待。市舶司要向外商解释外贸法规，晓谕外商遵守，并给予一定的礼宾待遇，以吸引外来商客。早在宋初，对离境的外来商船已由地方长官和提举市舶使出面设宴送行，宴请对象有番汉纲首（中外货主）、作头（船长）、梢工（海员）等。这一制度先在广南市舶司实行，后又在福建市舶司推行。宴请所费不多，收效却颇大。

从职能上看，市舶司是管理对外贸易和从事进出口业务结合在一起的职能机构，颁发凭引和抽解等原是海关的职能，收买舶货却是进出口业务，二者都归市舶司掌管。这样，海关和外贸的结合就成为中国市舶制度的主要特征之一。[①]

宋代还专门制定了中国历史上第一部规范进出口贸易的成文法规——《元丰市舶条例》，内容涉及船舶出海与入港、舶货抽解和博买、官吏奖惩及其不许私营海外贸易等多个方面，其中还有对私营海商的规定，以法律形式肯定了民间海

[①] 参见刘佛丁、李一翔、张东刚、王玉茹：《中华文化通志·工商制度志》，上海人民出版社，1998，第189-191页。

商的合法地位。该条例是对宋以前市舶制度的总结，其推行标志着宋代海外贸易管理制度发展到一个崭新的阶段，对后来的市舶制度产生了极其深远的影响。

元朝市舶制承袭宋制。其设立的第一个市舶司在泉州，时间为元世祖至元十四年（1277 年），后又在庆元、上海、澉浦、杭州、温州、广州等地设立，但各市舶司兴废无常，最后只保留了泉州、庆元、广州三处。元世祖至元三十年（1293 年），以宋代市舶法为蓝本制订了《市舶则法》，共22 条，主要内容与宋代基本相同，但更加严密。

明清时期，因为实行禁止中国商民出海贸易的海禁政策，由此产生了海外贸易政策闭关与开放之争。

明朝建立之初并未实行海禁。朱元璋在称帝前一年甚至还曾设太仓市舶司管理海外贸易。从明太祖洪武四年（1371 年）开始，因张士诚、方国珍余部及倭寇对沿海地区的骚扰，明太祖朱元璋下诏禁止民众出海贸易，"片板不许入海"①。此后，每过两三年就会重申海禁。朱元璋还禁止民众使用和贩卖外国货，以便从根本上取缔其在中国的市场。

明成祖即位后，虽然派郑和率庞大的船队七次出海远航，但海禁政策依旧实施。他还下令将远洋海船的桅杆砍

---

① 张廷玉等：《明史》卷二〇五《朱纨传》，中华书局，1974，第5403页。

断，将之改成无法出海远航的平头船，从根本上消除民众出海的能力。明宣宗宣德八年（1433年）七月，在郑和第七次下西洋回国后的第三天，朝廷颁布了一道严厉的禁海令，明确规定告发私自出海者可得到其一半的资产。从此，海禁更加严厉，继任的皇帝也不断重申海禁令。

明代海禁制度下，市舶制依旧存在并发挥作用。明代曾在黄渡、宁波、泉州、广州、云屯、福州诸港设立市舶司，负责勘合（明代的一种制度，目的在于区别外国官方与民间的贸易船舶）、关税和贸易管理。与宋元时期相比，明代前期的市舶制表现出明显的官方贸易特征：首先，其目的不是为了发展海外贸易，而是为了政治上的怀柔远人，对外国货物完全免税。其次，将外国来华贸易限制在严格的"贡舶"贸易范围内，即只允许官方贸易存在。外国贸易船舶进港必须持有明王朝颁给的"勘合"和本国的"表文"。再次，就管理内容来说，明前期市舶司除排斥外国非朝贡商人来华贸易外，还排斥了对中国出海商船的管理，严厉禁止中国商人出海贸易。

正德以后，以上几个方面都有变化。市舶司的任务已从原来单纯的"怀柔远人"转变为增加财政收入，并逐渐建立了一套进出口关税制度，同时适度放开外国非朝贡商人来华贸易和中国商船出海。随着明中后期海外贸易的发

展，市舶司难以对海外贸易进行各种管理，其职能不可避免地发生了分解与转移。市舶司保留了检验进出口船舶与征收关税的职能，奠定了清代海关制度的职能基础；市场管理职能则被官方牙行逐渐垄断，经过一番发展，形成了清代的行商制度。①

明世宗嘉靖二年（1523年），发生了日本贡使互争真伪的"争贡之役"，使团人员在宁波、绍兴等地烧杀抢掠，东南沿海为之大震，嘉靖帝由此将闽、浙、粤三地市舶司尽行废除，使这种由官方控制的唯一的公开贸易渠道也被堵死，海禁顿时变得格外严厉。一些出海商人为继续走私，便组成大大小小的海商集团与朝廷对抗。由于其中夹杂着少数倭寇，于是这场战乱被笼统地称为"嘉靖倭患"。它实际上是一场海禁和反海禁的斗争。这种局面一直延续到隆庆帝即位。明穆宗隆庆元年（1567年），朝廷接受福建巡抚涂泽民的建议，在福建漳州月港局部开放海禁，允许漳、泉两州百姓出海贸易。此政策持续了50多年。万历时，由于荷兰人占领台湾，加上走私猖獗，海防紧张，月港贸易被停止，海禁又被恢复，一直延续到明末。但这已不能阻止私人贸易的迅速发展，到明末甚至出现了郑芝龙那样的庞大的海商

① 参见陈尚胜：《论明代市舶司制度的演变》，《文史哲》1986年第2期。

集团。[1]

明代为确保海禁的实施，甚至禁止沿海民众下海捕鱼，或强迫沿海居民大量内迁，长期的海禁使沿海地区的民众蒙受了几个世纪的巨大痛苦。海禁还扼杀了自宋元以来发展起来的中国民间商人的海外贸易，遏制了中国商业资本的正常发展。在西欧通过海洋获得迅速发展的时代，中国的海洋力量却遭到削弱，从而将通过海外贸易来谋求本国发展的机遇抛弃了。[2]

清朝建立后，为防范台湾的郑成功反清势力，清世祖顺治十三年（1656年）发布了任何船只皆不许入海的命令，并大规模地将沿海民众内迁30～50里。清圣祖康熙二十二年（1683年），台湾重归统一后，康熙帝应沿海各省疆吏之请，适时地开放海禁，允许出海贸易，旋即设立了闽、粤、江、浙四海关。到了康熙晚年，政策又发生变化，禁止到南洋贸易。雍正时虽开放了南洋之禁，但加强了对外商的管理和防范，一直延续到乾隆年间。清高宗乾隆二十二年（1757年），乾隆帝下令关闭海口，仅开广州一地对外贸易，开始实行闭关锁国的政策。但这种消极防御只是阻碍了自身的发

---

① 参见晁中辰：《明代海外贸易研究》，故宫出版社，2012，第1-269页。
② 参见陈尚胜：《"怀夷"与"抑商"：明代海洋力量兴衰研究》，山东人民出版社，1997，第24-41页。

展进程，并不能抵挡住西方列强的坚船利炮。

五、货币体系的演变

货币是在商品交换的长期发展过程中起一般等价物作用的特殊商品。中国古代货币在漫长的发展过程中经历了极为复杂的变化。从币材上看，有贝、铜、铁、金、银、纸等；从形制上看，有刀币、布币、圜钱、圆形方孔钱（半两、五铢钱、通宝、制钱）等；从类型上看，有实物货币、金属货币和代用货币（纸币）等。

远古时代的交换采取以物易物的形式，但这种交换具有偶然性，随着交换的发展，就需要确定一种大家都愿意接受的商品，然后用它去交换自己需要的商品，这种商品就具有了货币的性质。货币最初并不固定于某一商品，但许多物品或不能分割，或易腐烂，或极为稀少，或过于笨重，于是大多被淘汰，并逐渐固定到某种或某几种特殊商品上，亦即我们所说的一般意义上的"货币"。

最原始的货币是贝币，又称"货贝""贝化"，正如宋陆游诗云："古者贝为货，庶物赖以通。"[1] 贝，主要指海贝，种类不一，以齿贝最为通行，产于热带海域。最初为装饰品，从原始社会后期，海贝已作为萌芽状态的货币开始使

---

[1] 陆游：《陆游集·剑南诗稿》卷六四《书巢五咏》，中华书局，1976，第1539页。

用。夏、商、西周时期，贝币作为主要货币广泛流通。贝币光洁美观，小巧玲珑，坚固耐磨，便于携带、计数和储存。贝币的计量单位为枚或朋，一朋的数量有二贝、五贝、十贝等说法。从商朝中晚期至西周时期，随着商业的发展，货贝需求量猛增，海贝已不能满足需要，由此出现了仿制贝，即贝币的仿制品，有骨贝、蚌贝、石贝、玉贝、陶贝、铜贝、金贝、银贝等。河南安阳和山西保德出土的距今三千年前的商代铜贝，是中国最早的金属铸币，也是迄今所见世界上最早的金属货币。

春秋中后期，金属铸币开始取代贝币，并形成了刀币、布币、圜钱等区域性的货币体系。

刀币又称"刀货"，是中国古代金属铸币的雏形，由生产或生活工具刀演变而来。刀币主要由齐、燕、赵、中山等诸侯国铸造，流通于今山东、河北、内蒙古、东北及山西西部等地。刀币的共同特征为：柄端有圆形或椭圆形环，柄上有裂沟。随着时间的推移，刀币由体大厚重逐渐变为体小薄轻，刀的外部增加了外郭。

布币是东周时期的青铜铲形货币，从青铜铲草农具镈演变而来。因形状似铲，又称"铲布"。春秋晚期出现，战国中期主要在三晋、两周（洛阳西郊和东郊的王畿地区）地区广泛流通。与刀币相比，布币的流通范围更广。古代中原民

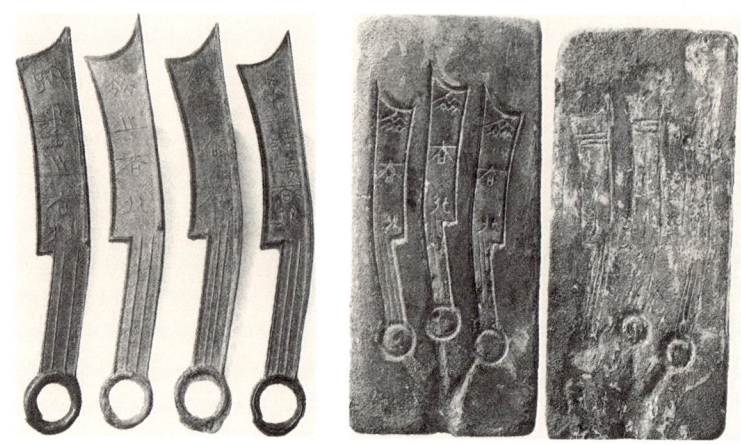

山东临淄齐故城出土的齐刀币及其陶范

众以农业为主，故用农具为货币；中国东北部和东部的民众多从事渔猎，故用刀具为货币。

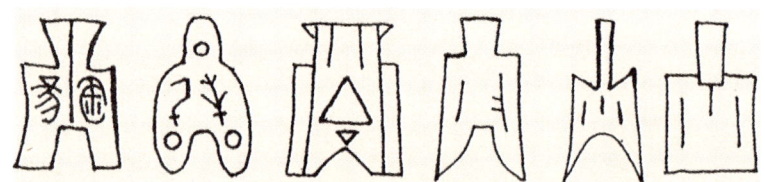

形状各异的先秦布币

圜钱，也称"环钱""圜金"，即圆形铜钱。一般认为其源起于原始社会时期的玉璧和纺织工具纺轮。

圜钱的基本形制为扁平圆形，中央有穿孔，有肉（钱身）有好（穿孔）。圜钱边缘开始无郭，后来有郭。与"布币""刀币"相比，圜钱贯穿便利，便于携带，在流通中磨损较小，便于流通。圜钱的正面有钱文，表示地名、币值、重量以及其他信息。秦国的方孔"半两型"圜钱奠定了中国2000多年来圆形方孔钱的主要形态。

秦朝建立后，统一货币制度。首先是废除六国旧币，结束了战国时期纷乱的货币制度，规定珠玉、龟贝、银锡等不得再充当货币。其次是把秦国的货币制度推广到全国，规定以黄金为上币，半两钱为下币，由国家统一铸造发行，禁止民间私铸。半两钱迅速在全国流通开来。它确定的方孔圆钱形制在中国使用了2000余年，是中国最稳定的货币形式，由此为金钱赢得了"孔方兄"的美名，对后世产生了深远影响。

汉承秦制，仍以半两钱为国家法定货币，但形制等屡有变更。汉武帝元狩五年（前118年），罢半两钱，令郡国（地方政府）铸行五铢钱。形制同半两钱，亦为圆形方孔。从此开创了长达700多年的"五铢钱时代"。五铢钱轻重适宜，量足成色好，利于流通和长久使用。自汉武帝至隋的700多年间，各代均铸有五铢钱，但形状大小不尽相同。

魏晋南北朝时期币制混乱，金属货币受到实物货币的冲击。唐朝建立后，币制重新统一。唐高祖武德四年（621年），废五铢钱，改铸开元通宝。通宝又叫"元宝""重宝"

等，意为"通行的宝货"，其流通时间从唐初直到清末民初，是中国古代使用时间最长的一种金属铸币。

"开元通宝"意为开辟新纪元的通行宝货，是标准的圆形方孔钱，其形制外圆内方，有肉有好，有内外郭，直径8分（2.4厘米），重2铢4累（约4克），1000枚重6斤4两，这成为以后历代王朝的铸钱标准。开元通宝的出现是中国货币史上的重要变革，此后不再以重量为钱币名称，为后世钱币减重打下了埋伏，消除了钱名重量同钱的实际重量不符时导致的诸多麻烦。开元通宝虽非年号钱，但其后更多的都是以年号命名。清朝从顺治到宣统时均铸行通宝钱，皆以年号称。

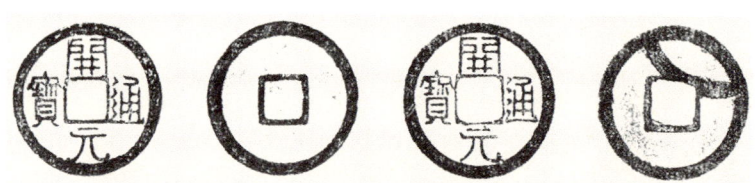

唐开元通宝

金银作为币材，具有其他金属无可比拟的优越性：价值大，体积小，易于分割，便于携带和储藏，质量经久不变，也不影响生产工具、生活用具及铸造兵器的需要。至晚从战国时开始使用金银铸币，到宋代得到了很大发展，其中白银比黄金使用更广泛，甚至被学者视为"白银货币化"开启的时代，在长距离贸易和大批量贸易中尤为突出。宋代金银铸币的形制与唐代相近。第一种为铤状，这是最常用的形制；第二种为饼状和牌状；第三种为马蹄金等状；第四种为圆形方孔金银钱。

宋代银铤

　　金元时期白银的货币作用日趋发展。金章宗承安二年（1197 年），铸造"承安宝货"银锭，从 1 两到 10 两分为 5 等，每两折钱 2 贯。这是自西汉武帝以来第一次正式以银为法定货币。元代沿用银铤为称量货币。明代仍使用金银铸币，以元宝形的银锭为主，一般大元宝以 50 两为一锭，下面再分小锭。银锭上多铸有文字，大锭上往往铸有地名、重量、银匠姓名等，小锭有时只铸年号，不铸重量。英宗正统年间，白银成为正式法定货币，取得了价值制度、流通手段和支付手段等货币基本职能。清代货币以白银为主，分五种：一为纹银（足纹），是清代通行的标准银两；二为

清代元宝

元宝，也称"宝银"或"马蹄银"；三为中锭，也叫"小元宝"，重约10两；四为小锞，也叫"锞子"或"小锭"；五为散碎银子，重量在1两以下。此外还有外国流入的银圆。光绪年间，清朝也用机器自铸银圆，称"龙洋"。

中国古代在西汉以后还使用过铁钱。南朝梁武帝普通四年（523年）铸铁钱，这是中国货币史上第一次由中央政府大量铸造铁钱，也是首次用铁钱代替铜钱，以铁钱为法定本位货币。隋唐时铁钱铸行量较少。宋代是中国历史上铸行铁钱数量最多、时间最久的朝代。当时专门设有铁钱监铸造铁钱，发行总量不下千万贯，流通时间几与宋朝相始终。北宋成都府路、梓州路、利州路、夔州路等四路专用铁钱，陕府西路和河东路则铜、铁钱兼用。

由于铁钱价值不高，携带不便，故北宋时在专用铁钱的四川产生了世界上最早的纸币——"交子"，使中国成为世界上最早使用纸币的国家。

宋真宗大中祥符元年（1008年）前后，成都16家富商联合兴办交子铺，发行交子。交子用统一的纸张印制，有版面、图案、花纹等。为方便在更大范围内使用和兑现，便在四川各地设立交子分铺。后因经营不善，不能兑现，引起争讼，于是收归官办。宋仁宗天圣元年（1023 年）设益州交子务，第二年发行官办交子，以 36 万贯铁钱为准备金，中国的国家纸币由此诞生。官办交子仿照商办交子的形制，加盖本州州印，用铜版三色套印，分界（期）发行，三年一界，界满以新换旧。宋徽宗崇宁四年（1105 年），把纸币改名为"钱引"，除福建、两浙、江南、荆湖、广南外，在各路发行。宋徽宗大观元年（1107 年），改交子务为钱引务。钱引发行数量逐年增多，导致其迅速贬值，钱引一缗低时只值数十钱，从而引发了严重的通货膨胀。

南宋初年，民间通行一种类似飞钱便换的"便钱会子"。宋高宗绍兴三十年（1160 年）改为官办，便钱会子开始流通于两浙，后通行于东南诸路、两淮、荆湖及四川各地，是南宋最主要的货币。此外，南宋还有通行于陕甘地区军中的"河池银会子"，流通于两淮地区的"淮交"，行用于京西、湖北地区的"湖会"，通行于四川东北数州的"铁钱会子"等地方纸币，使宋代币制更加复杂。

纸币交钞是金国主要货币。金海陵王贞元二年（1154年），设立交钞库，印发交钞，分大钞、小钞二等。大钞分

1 贯、2 贯、3 贯、5 贯、10 贯五等，小钞分 100 文、200 文、300 文、500 文、700 文五等。以 7 年为一界（期），期满后以旧钞换新钞。金代交钞最初币制稳定，信誉较高，流通很广。但不久之后，由于不限制发行量，通货膨胀比较严重，纸币信用遭遇严重危机。

元世祖中统元年（1260 年），发行"中统元宝交钞"，后又印行"中统元宝钞"。元顺帝至元二十四年（1287 年），发行"至元通行宝钞"，这是元代最重要的货币。元顺帝至正十年（1350 年）发行"至正交钞"，无准备金，采用纸币本位制度。元朝纸币流通很广，在其最强盛的时期，北至蒙古高原，西至中亚等都通行无阻。马可·波罗把元朝发行纸币的事情说成是中国皇帝的"点金术"，说这种纸币"用之以作一切给付。凡州郡国土及君主所辖之地莫不通行……各人皆乐用

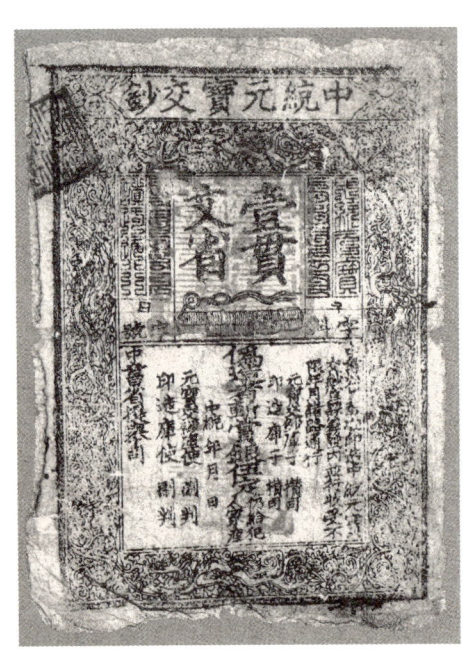

元中统元宝交钞

此币"[①]。

　　元朝在纸币发行、管理方面有比较完备的制度。这一制度是通过元世祖至元年间颁行的《整治钞法条画》9条和《至元宝钞通行条画》14条加上若干具体的法令规章实现的，主要内容有：朝廷垄断纸币的发行权，设立相应的机构办理纸钞的发行流通和兑换；纸钞与白银挂钩，拨足钞本，各地钞库有十足的白银准备，准许民间自由兑换，提高纸钞的可信任度；完善纸钞形制，不分界，不定期限，不书年月日，不限地区和用途，可在全国永久通用，准许外国使用；及时调控纸钞流通，严禁伪造。这些做法对后世产生了深远影响，尤其是无限法偿、用钞本维护钞值等做法直到20世纪30年代还为欧美等国所采用。[②]

　　明太祖洪武八年（1375年）开始发行"大明宝钞"，宝钞分1贯、500文、300文、200文、100文六等。宝钞用桑皮纸做原料，1贯大钞长1尺、宽6寸，是世界上面积最大的纸币。由于不限定发行量及管理制度的混乱，明中期以后，大明宝钞越来越难以为继，明宣宗宣德三年（1428年）停止发行宝钞。

　　① [意]马可·波罗：《马可波罗行纪》，冯承钧译，中华书局，1999，第238页。
　　② 参见郭彦岗：《中国历代货币》，新华出版社，1988，第116-118页。

清世祖顺治八年（1651年），仿照明朝纸币制度发行"钞贯"，顺治十八年（1661年）停止。此后190多年间没有发行纸币。清文宗咸丰三年（1853年），设官票所和宝钞局，发行官票和宝钞。官票又叫"银票"，以银两为单位，票面写"户部官票"，有1两、3两、5两、10两和50两多种。宝钞全名为"大清宝钞"，以制钱为单位，又叫"钱票""钱钞"，面额分250文、500文、1000文、1500文、2000文几种。清政府规定，凡民间完纳地丁、钱粮、关税、盐课及一切交官解部协拨等款，都要使用官票、钱钞，并准许民间自行通用。由于咸丰纸钞并没有得到社会的认可，购买力不断下降，不到十年就成了一捆捆废纸，致使物价腾涌，市场萧条。清穆宗同治五年（1866年）七月，官票和宝钞停止使用。①

从总体上看，中国古代的货币形态五花八门，长期呈现出显著的地域特征，但基本上适应了商品经济发展的需要。然而古代国家一直将货币制度当作控制经济的重要工具和解决财政问题的重要手段，无论是货币的制造、发行、投放、回笼、贮藏等流通过程，还是币制、币值、币种、发行量、流通区域等制度要件，通常不是按照社会经济发展的客观需

---

① 参见千家驹、郭彦岗：《中国货币演变史》，上海人民出版社，2014，第155—162页。

要进行调整，而是以国家财政需要为转移，从而影响了货币对商业发展的促进作用的发挥。①

---

① 参见《中国经济史》编写组编《中国经济史》，高等教育出版社，2019，第100—103页。

第七章

传统中国的商人精神

　　从德国社会学家马克斯·韦伯于 20 世纪初提出新教伦理是资本主义兴起的动力、儒家伦理是资本主义生长的障碍等观点以来，传统中国的商人精神问题一直受到学界的关注，但以往的多数讨论或碍于文献不足征，或受限于所用文献出自文人士大夫之手，很难说其揭示的究竟是商人精神，还是文人士大夫对商人的某种期待。元代出现了不少下层文士撰写的反映市井和商人生活的杂剧，较之以前的文学作品更贴近商人的生活和立场，有的可能已站到了商人的立场上，其中对商人思想感情的反映已能真实反映商人的观念。明清时期，出现了大量由经验丰富的富商大贾编撰的经商指南性质的商业书，其中有关商人经营伦理与道德修养的训诫与说教，基本上就是明清商人倡导的带有普遍意义的道德准

段段段

则。本章即借助以上两类文献对中国传统商业鼎盛时期的商人精神做一论述。

一、传统商人对其职业和自身价值的认识

受重本抑末思想的影响，秦汉以后的传统商人长期对自己的职业及价值很不自信。宋代虽出现了"全民经商"的局面，但工商业者（甚至是经营十分成功者）对自己事业的信念往往也不坚定。这一现象到元代开始发生变化。随着元代商业的发展，商人地位不断上升，其对自己职业的信心不断增强，突出地反映在他们对传宗接代的认识和对子孙的培养上，有几部反映元代社会现实生活的杂剧中的商人故事很清晰地说明了这一点。

元前期杂剧作家武汉臣的杂剧《散家财天赐老生儿》讲述了一个成功的商人老来得子的故事。主人公刘从善受利益驱使，"半生忙，十年闹，无明夜攘攘劳劳"，由此"南头里贩贵，北头里贩贱，乘船骗马，渡江泛海，做买做卖，挣闾下许来大家私，放钱举债"。刘从善前半生十分敬业，数十年如一日勤勤恳恳，足迹遍及南北，买贱卖贵，挣下了一份"泼天也似"的大家业。他曾回忆自己年轻时对金钱狂热追求的态度：

270

　　　　我那其间正年小，为本少，我便恨不的问别人强
　　要，拼着个仗剑提刀……哎，钱也，我为你呵，也曾痛
　　杀杀将俺父母来离，也曾急煎煎将俺那妻子来抛……
　　哎，钱也，我为你呵，那搭儿里不到，几曾惮半点勤
　　劳。遮莫他虎啸风窣律律的高山直走上三千遍，那龙喷
　　浪翻滚滚的长江也经过有二百遭。我提起来魄散魂消。

刘从善夫妇只育有一女，无奈之下招赘了一个女婿一起过
活。随着年岁的增长，面对着巨大的家业，没有儿子传宗接
代和继承家产日益成了他最大的心病。他也在思考自己到老
仍无子的原因，最终将原因归结到自己的经商及对金钱的追
求上，认为是"幼年间的亏心，今日老来报"，自己放解与
举债都是万恶之源：

　　　　俺这做经商的一个个非为不道，那些儿善与人交？
　　都是我好赇贪财，今日个折乏的我来除根也那蒭草。

刘从善认为自己为了钱"曾昧著心说咒誓"，以至于"正
贫困里可便夺的一个富豪，今日个上户也可怎却无了下
稍"。刘从善的这一认识表明即使像他这样成功的商人对自
我价值也采取否定的态度，说明了当时社会对商人持一种不

认同，甚至是批评的态度，由此才最终导致了刘从善对自己行为的激烈的内心斗争。刘从善关于读书与经商利弊的一番话也可说明其对自己价值观念的不自信：

> 我道那读书的志气豪，为商的度量小，则这是各人的所好。你便苦志争似那勤学，为商的小钱番做大钱，读书的把白衣换做紫袍。则这的将来量较，可不做官的比那作客的妆幺。有一日功名成就人争美，抵多少买卖归来汗未消，便见的个低高。①

刘从善的话语间流露出无法掩饰的自卑情结，可看出他在读书入仕和经商的倾向性上是十分明显的。这表明在经商与入仕的价值观念之间，即使像刘从善这样成功的商人也倾向于入仕。这是当时商人对本阶层的价值观念缺乏自信的表现。

元前期另一位杂剧作家郑廷玉的杂剧《看钱奴买冤家债主》描写了商人贾仁由于无儿无女而买了一个儿子的故事。贾仁原是一个穷汉，后因意外发家，成为一个"有万贯家财，鸦飞不过的田产物业，油磨坊，解典库，金银珠

---

① 武汉臣：《散家财天赐老生儿》，载徐征、张月中、张圣洁、奚海主编《全元曲》第4卷，河北教育出版社，1998，第2188-2204页。

翠、绫罗缎匹，不知其数"的巨富财主，对金银却异乎寻常的吝啬：

> 那员外虽然做个财主，争奈一文也不使，半文也不用。别人的东西恨不得攞手夺将来，自己的东西舍不的与人，若与人呵，就心疼杀了也。
>
> 平昔间一文也不使，半文也不用……若有人问我要一贯钞呵，哎呀，就如挑我一根筋相似。

贾仁发家后，"寸男尺女皆无"，为此他非常担心自己的财产无人继承。后来他花钱买了一个儿子，以便将来能够继承家业。当贾仁卧病在床，儿子欲行孝心之时，他念念不忘的是将自己惜钱如命的性格传授给儿子，下面是他们的对话：

> （小末云）父亲，你可想什么吃那？
>
> （贾仁云）我儿也，你不知我这病是一口气上得的。我那一日想烧鸭儿吃，我走到街上，那一个店里正烧鸭子，油渌渌的。我推买那鸭子，着实的挦了一把，恰好五个指头挦的全全的。我来到家，我说盛饭来我吃，一碗饭我咂一个指头，四碗饭咂了四个指头。我一会瞌睡

上来，就在这板凳上，不想睡着了，被个狗舔了我这一个指头，我着了一口气，就成了这病。罢、罢、罢！我往常间一文不使，半文不用，我今病重，左右是个死人了，我可也破一破悭，使些钱。我儿，我想豆腐吃哩。

（小末云）可买几百钱？

（贾仁云）买一个钱的豆腐。

（小末云）一个钱只买得半块豆腐，把与那个吃？兴儿，你买一贯钞罢。

（兴儿云）他则有五文钱的豆腐，记下账，明日讨还罢。

（贾仁云）我儿，你则依着我。

（小末云）便依着父亲，只买十个钱的来。

（贾仁云）我儿，恰才见你把十文钱都与那卖豆腐的了。

（小末云）他还欠着我五文哩，改日再讨。

（贾仁云）寄着五文，你可问他姓什么？左邻是谁？右邻是谁？

（小末云）父亲，你要问他邻舍怎的？

（贾仁云）他假是搬的走了，我这五个钱问谁讨？

（小末云）直是这等！父亲，你孩儿趁父亲在日，画一轴喜神，着子孙后代供养着。

（贾仁云）我儿也，画喜神特不要画前面，则画背身儿。

（小末云）父亲，你说的差了，画前面才是，可怎么画背身的？

（贾仁云）你那里知道，画匠开光明，又要喜钱。

（小末云）父亲，你也忒算计了。

（贾仁云）我儿，我这病觑天远，入地近，多分是死的人了。我儿，你可怎么发送我？

（小末云）若父亲有些好歹呵，你孩儿买一个好杉木棺材与父亲。

（贾仁云）我的儿，不要买，杉木价高，我左右是死的人，晓的甚么杉木、柳木！我后门头不有那一个喂马槽？尽好发送了！

（小末云）那喂马槽短，你偌大一个身子，装不下。

（贾仁云）哦，槽可短，要我这身子短，可也容易。拿斧子来把我这身子拦腰剁做两段，折叠着，可不装下也！我儿也，我嘱咐你，那时节不要咱家的斧子，借别人家的斧子剁。

（小末云）父亲，俺家里有斧子，可怎么问人家借？

（贾仁云）你那里知道，我的骨头硬，若使我家斧

子剃卷了刃，又得几文钱钢！ ①

郑廷玉在这里直率淋漓地展现了贾仁爱财如命的心态。抛去其中的喜剧因素，我们完全可以将上述对话视为一生极其节俭，甚至吝啬的商人对子孙后代的苦心忠告和谆谆叮咛，其目的无非是使儿子具备其所看重的某些商人的素质或价值观念，从而能够将家业传下去。

到了元后期，商人对自己职业价值观念的不确信有了很大改变。秦简夫的杂剧《东堂老劝破家子弟》中的主人公东堂老李实是一个十分敬业并取得了很大成功的商人。他曾谈及自己年轻时从商的含辛茹苦：

> 想着我幼年时血气猛，为蝇头努力去争，哎哟！使的我到今来一身残病，我去那虎狼窝不顾残生。我可也问甚的是夜，甚的是明，甚的是雨，甚的是晴？我只去利名场往来奔竞，那里也有一日的安宁？投至得十年五载我这般松宽的有，也是我万苦千辛积攒成。

这是东堂老自身的真实写照，充分反映了他对自己生活信

---

① 郑廷玉：《看钱奴买冤家债主》，载徐征、张月中、张圣洁、奚海主编《全元曲》第2卷，河北教育出版社，1998，第1277-1294页。

念的顽强追求，也能反映出商人阶层主体意识前所未有的高扬。

东堂老与儿子还有一段对话也可反映商人的人生哲学：

（小末云）父亲，您孩儿这几时做买卖，不遂其意，也是生来命拙哩。

（正末云）孩儿，你说差了。那做买卖的，有一等人肯向前，敢当赌，汤风冒雪，忍寒受冷；有一等人怕风怯雨，门也不出。所以孔子门下三千弟子，只子贡善能货殖，遂成大富。怎做得由命不由人也？

东堂老坚信人只要能吃苦，敢于冒险，就能在商业场上取得成功，并以此教育儿子以这类人为榜样。这说明他对自己的生活道路和生活信念的肯定和自信。东堂老否定"由命不由人"的观念，较之刘从善相信天命报应的观念也前进了一大步。

东堂老还用堂堂正正的口气发布了商人价值观念的宣言：

我则理会有钱的是咱能，那无钱的非关命！

这里明确宣称，赚钱与否和赚钱多少是评价商人成功与否的主要标志，能赚钱和赚钱多的商人就是成功的商人，反之就是不成功的商人。

东堂老有位朋友叫赵国器，"负郭有田千顷，城中有油磨坊、解典库，有儿有妇，是扬州点一点二的财主"。他本来指望儿子扬州奴能继承他的事业，不料儿子整天只是四处挥霍。赵国器为此忧愤成疾，在临终前将儿子托付给了同乡好友东堂老。赵国器死后，仅仅十年光景，扬州奴便"把那房廊屋舍、家缘过活，都弄得无了，如今可在城南破瓦窑中居住。吃了早起的，无晚夕的"，往日的狐朋狗友也不再和他往来，见了他都躲着走。扬州奴走投无路，只好去求东堂老。最终东堂老的妻子给了他一贯钱作本钱，让他做买卖谋生。经受了各种困难和煎熬的扬州奴用这一贯钱去卖炭，赚了一贯，又去卖菜，东堂老特意考察他，以下是他们的对白：

（正末云）你这菜担儿，是人担，自担？

（扬州奴云）叔叔，你怎么说这等话？有偌大本钱，敢托别人担？倘或他担别处去了，我那里寻他去？

（正末云）你往前街去也，往那后巷去？

（扬州奴云）我前街后巷都走。

（正末云）你担着担，口里可叫么？

（扬州奴云）若不叫呵，人家怎么知道有卖菜的？

（正末云）可是你叫，是那个叫？

（扬州奴云）我自叫。

（正末云）下次小的们，都来听扬州奴哥哥怎么叫哩。

（扬州奴云）叔叔，你要听呵，我前面走，叔叔后面听，我便叫。叔叔，你把下次小的每赶了去，这小厮每，都是我手里卖了的。

（正末云）你若不叫，我就打死了你个无徒！

（扬州奴云）他那里是着我叫，明白是羞我。我不叫，他又打我。不免将就的叫一声：青菜、白菜、赤根菜、胡萝卜、芫荽、葱儿阿！

（做打悲科，云）天那！羞杀我也！

（正末云）好可怜人也呵！

（唱）【红绣鞋】你往常时在那鸳鸯帐底那般儿携云握雨，哎！儿也，你往常时在那玳瑁筵前可便噀玉喷珠，你直吃得满身花影倩人扶。今日呵，便担着亨篮，拽着衣服。不害羞，当街里叫将过去。

（扬州奴云）叔叔，您孩儿往常不听叔叔的教训，今日受穷，才知道这钱中使，我省的了也。

（正末云）这话是谁说来？

（扬州奴云）您孩儿说来。

（正末云）哎哟！儿也，兀的不痛杀我也！

（唱）【满庭芳】你醒也波高阳哎酒徒，担着这两篮儿白菜，你可觅了他这几贯的青蚨？

（带云）扬州奴，你今日觅了多少钱？

（扬州奴云）是一贯本钱，卖了一日，又觅了一贯。

（正末唱）你就着这五百钱买些杂面你便还窑去，那油盐酱旋买也可是零沽？

（扬州奴云）什么肚肠，又敢吃油盐酱哩？

（正末唱）哎！儿也，就着这卖不了残剩的菜蔬。

（扬州奴云）吃了就伤本钱，着些凉水儿洒洒，还要卖哩。

（正末唱）则你那五脏神也不到今日开屠。

（云）扬州奴，你只买些烧羊吃波！

（扬州奴云）我不敢吃。

（正末云）你买些鱼吃！

（扬州奴云）叔叔，有多少本钱，又敢买鱼吃？

（正末云）你买些肉吃！

（扬州奴云）也都不敢买吃。

（正末云）你都不敢买吃，你可吃些什么？

（扬州奴云）叔叔，我买将那仓小米儿来，又不敢春，恐怕折耗了。只拣那卖不去的菜叶儿，将来煨熟了，又不要蘸盐搣酱，只吃一碗淡粥。

（正末云）婆婆，我向扬州奴买些鱼吃，他道我不敢吃。我道你买些肉吃，他道我不敢吃。我道你都不敢吃，你吃些什么？他道我吃淡粥。我道你吃得淡粥么？他道我吃得。

（唱）婆婆呵，这厮便早识的些前路，想着他那破瓦窑中受苦。

（带云）正是："不受苦中苦，难为人上人"。

（唱）哎！儿也，这的是你须下死工夫。[1]

东堂老受友人之托挽救和改造扬州奴，其方法就是让其穷困到极点，受尽各种痛苦和磨难，然后让他从最小的生意做起，从头体验经商的苦处和艰辛，以培养扬州奴作为商人的价值观念和敬业精神。上面这段对白就是他对扬州奴进行商人价值和精神教育的考试。通过扬州奴的回答，说明扬州奴已完全领会了商人阶层的价值观念和敬业精神，具备了成为优秀商人必备的条件。到了这时，东堂老才放心地将其父亲留下的原属于扬州奴的财产还给他，让他自

---

[1] 秦简夫：《东堂老劝破家子弟》，载徐征、张月中、张圣洁、奚海主编《全元曲》第7卷，河北教育出版社，1998，第4551-4566页。

己去经营。以东堂老和赵国器为代表的商人注重对子孙后辈进行商人阶层价值观念和精神的传递，说明东堂老等对商人的价值观念已不再像刘从善那样不自信，而是十分坚定，并且要千方百计地将其传给后代，使事业得以延续。通过这部杂剧，可看出秦简夫在表现商人阶层的价值观念时完全站在商人一边，对他们充满了理解和肯定之情。这在以前是很少见的，恰恰反映了到元代后期社会对商人阶层价值观念的肯定。

明清时期，商人对自己职业的自信更是达到了新的水平，重要表现之一就是大量作为经商指南的商业书的出现。这表明当时商人对经商知识的获取，已不再满足于前述元代父子相传或师徒相授的传统形式，而是开始注重商业知识的系统积累与传播，重视从职业教育的角度培养子弟生徒。商人在商业书中表达了对自己职业重要性的认识，对个人而言，其认为"人生于世，非财无以资身；产治有恒，不商何以弘利"，经商"异日有成，出人头地"；就家国层面而言，商贾理财为居家之急务，可与为官出仕并列，"出而裕国"。①

---

① 参见张海英：《走向大众的"计然之术"：明清时期的商书研究》，中华书局，2019，第39、60页。

二、传统中国商人的敬业精神

马克斯·韦伯在其《新教伦理与资本主义精神》一书中提出"入世苦行"的宗教伦理是资本主义精神的主要来源。实际上，中国文化中也不乏"入世苦行"的伦理精神，在商人身上最直接的体现就是勤于吃苦、不惧艰辛的敬业精神。晚清时来华的西方传教士明恩溥著有《中国人的素质》一书，按西方的价值理念和道德取向对晚清中国人的素质做了评价，虽褒少贬多，但对中国商人的勤奋却是高度肯定的。他说：

> 最不知疲倦的阶层便是商人及其伙计。即使在西方，店员的生活也不是挂闲职领干薪的，不过要比中国的同行轻松多了。中国店员的工作是永无尽头的。他放假少，任务重，只有在忙得木头木脑的时候才能稍歇片刻。中国的商店总是开得早，关得迟。双重记账制度十分细致烦琐，账房先生总是忙到很晚，记录销售和收入情况。

明代小说《金瓶梅》第十六回中李瓶儿有一句很有见地的话："买卖不与道路为仇。"即主张做生意要勤快，不要怕多跑路。第五十九回中韩道国之妻王六儿则随口引用了俗谚

"不将辛苦意，难得世人财"，亦是强调做生意必须能忍受各种艰辛，否则是无法成功的。这两句话应是当时比较流行的俗话，所以他们才能随口说出，可知商人的重要品质就是不怕吃苦，不惧艰辛。

在传统社会中，限于当时相对比较落后的交通等条件，商人在外出经营过程中会遇到各种困难和风险。唐诗人刘驾有一首《贾客词》曰：

> 贾客灯下起，犹言发已迟。
> 高山有疾路，暗行终不疑。
> 寇盗伏其路，猛兽来相追。
> 金玉四散去，空囊委路岐。[①]

还有一首《反贾客乐》诗曰：

> 无言贾客乐，贾客多无墓。
> 行舟触风浪，尽入鱼腹去。[②]

---

① 刘驾：《贾客词》，载中华书局编辑部点校《全唐诗》（增订本）卷二一，中华书局，1999，第272页。

② 刘驾：《反贾客乐》，载中华书局编辑部点校《全唐诗》（增订本）卷五八五，中华书局，1999，第6831页。

这两首诗生动描述了商人在外所受的艰难与险阻，除交通事故造成货物损失和危及生命外，有时还会因生病、遇到盗贼或经营失败而难以还乡，甚至客死他乡。

到了清代，在商人看来，士农工商四业中仍然是"惟商最辛苦"，其不仅要忍受"宿水餐风疲岁月，争长竞短苦心肠"[①]的身体之苦、心理之累，还要冒着"一逢牙侩诓资本，平地无坑陷杀人"[②]的巨大风险。以上局面都需要商人不怕吃苦，不惧艰辛。中国多个地域商人群体都表现出非常突出的勤苦耐劳、不惧艰辛的敬业精神。

徽商在商业经营中表现出不畏艰辛、努力开拓的进取精神。从明中后期开始，徽商的足迹不仅遍及各通都大邑及繁华市镇，而且远至偏僻乡村及荒漠、海岛，形成徽商遍天下、无徽不成镇之说。徽商在商场上亦是不屈不挠，愈挫愈勇，"徽之俗，一贾不利再贾，再贾不利三贾，三贾不利，犹未厌也"[③]。现代著名学者胡适曾将这种精神概括为"徽骆驼"精神，即是对徽商拼搏进取精神的形象概括。这样的例

[①] 程春宇：《士商类要》卷二《陆路诗》，载杨正泰《明代驿站考》附录，上海古籍出版社，2006，第356页。

[②] 李留德：《客商一览醒迷·悲商歌二十》，杨正泰校注，山西人民出版社，1992，第300页。

[③] 倪望重等纂修《祁门倪氏族谱》卷下《诰封淑人胡太淑人行状》，清光绪二年刻本，第33b-34a页。

子很多，休宁人朱世荣经商于江河湖海间，屡屡失利，又屡屡东山再起，可谓徽商顽强精神之典型代表。他幼遇祖父经商失意，家贫如洗，11岁始学做生意。23岁时，他以数年经商所得娶妻成婚。不久妻子病故，再续娶丁氏，致使积蓄用尽，生意乏本。他靠变卖丁氏陪嫁的衣服首饰，方才筹得资金往巢县开设典当铺营生。在巢县啼河，他废寝忘食，忍受常人难以忍受的艰辛与苦难，出入数百里，虽雨雪也不乘车马。一日，行至大通湖内，遇深雪迷路，误入沟中，脚被坚冰划破，皮破五寸，血流不止，大病一场，两月后方才痊愈。45岁时，在典当盈利较微、无法继续的情况下，他没在困难面前退缩，而是与他人合伙前往芜湖做起了获利较大的铜坊生意。然人有旦夕祸福，三年后，铜坊因官事而歇业。这次变故依然没能使朱世荣屈服。他又化整为零，先后与兄弟在芜湖合伙开设炼珠铺，同许氏合资开设铜锡等货的专卖店，亲自做起了贩卖芜湖铜器到苏州的长途贩运贸易。①

　　晋商亦有很强的不畏艰辛、敢于冒险的精神。他们拉着骆驼，千里走沙漠，冒风雪，犯险阻，北走蒙藏边疆；横波万里浪，东渡东瀛，南达南洋，充分表现了不畏艰辛、坚韧不拔的精神。杀虎口是晋商赴包头的必经之地，但盗贼猖

---

　　① 参见卞利：《明清徽州社会研究》，安徽大学出版社，2004，第141-142页。

清末恰克图茶叶交易市场

獗。有民谣为证："杀虎口，杀虎口，没有钱财难过口，不是丢钱财，就是刀砍头，过了虎口还心抖。"晋商非但没有因此退缩，反而以非常的气魄与胆略，越去越多，势如潮涌，由此在清代开辟了一条以山西、河北为枢纽，北越长城，贯穿步步艰难、站站险阻的蒙古戈壁大沙漠，到库伦，再至恰克图，进而深入俄境西伯利亚，又达欧洲腹地彼得堡、莫斯科的国际商路，这是古代丝绸之路衰落后在清代兴起的又一条陆上国际商路。[①]

　　鲁商勤于吃苦的精神在其创业过程中发挥了重要作用，不仅使其很快就在经商地立足，而且控制了一些需要付出艰辛劳动才能有所成的行业。在清代，鲁商在上海的一些行业

---

① 参见张正明：《晋商兴衰史》，山西古籍出版社，1995，第135-136页。

此中國送報之國也其人多係山東人在京
開設報房所有外有摺奏反翻者皆由內閣
而發其報房刷印送至各官宅鋪戶之家每
日一換按月給錢石曰送報的

清后期《送报图》，送报者多系山东人

中有很大的势力，即使在上海通商以后，山东商人仍能凭借
其勤苦耐劳的精神未被挤垮。清末有人就称："吾乡之商于
斯者，犹循旧轨。力与为敌，以朴为经，以勤为纬，尚能矗
立于中外互市之秋。"[1] 关于鲁商勤于吃苦、不惧辛劳的精
神，民国时人夏仁虎在其《旧京琐记》卷九《市肆》中说：

北京工商业之实力，昔为山左右人操之，盖汇兑、
银号、皮货、干果诸铺皆为山西人，而绸缎、粮食、饭

---

[1] 吕海寰：《创修山东会馆碑》，载上海博物馆图书资料室编《上海碑刻资料选辑》，上海人民出版社，1980，第196页。

庄皆山东人。其人数尤众者为老米碓房、水井、淘厕之流，均为鲁籍。盖北京土著多所凭藉，又懒惰不肯执贱业，鲁人勤苦耐劳，取而代之，久遂益树势力矣。

清代在北京的山东商人有许多都是从事当地人所不齿的辛苦、肮脏的淘厕、水井、米房等行业。经过多年的辛劳，他们最终控制了北京的绸缎、粮食、饭庄、挑水、送报等多需要凭借力气的生意。

闽商是海上丝绸之路上极为活跃的力量。宋元以后，在东南亚、中亚乃至非洲东海岸等历史上海上丝绸之路的主要区域，到处都活跃着闽商的身影。福建谚语云"六死三留一回头"，生动说明了闽商渡台湾、下南洋、出东洋，每次出海都是以性命相赌的凶险旅程。闽商往往抱定搏击大海的大无畏精神，持续不断地进行海洋贸易活动。除船毁人亡、葬身鱼腹的风险外，福建海商还受到国家严格的海禁政策的限制，许多时候需要以武装走私的方式进行贸易。这些都没能阻挡闽人的出海热情。

三、传统商人的商业伦理观念

所谓商业伦理，是社会道德规范在商业领域中的具体化和职业化，指商业决策和经营活动中应遵循的伦理原则、道

德规范准则的总和。中国传统商业伦理的核心内容是商人如何处理道德与利益的关系（义利关系）及在贸易关系中如何进行道德自律等。明清商业书中已有了"商道"之说，清德宗光绪五年（1879年）刊刻的乾隆年间王秉元的《贸易须知·序》中就称："商亦有道，敦信义，重然诺，习勤劳，尚节俭。此四者，士农工皆然，而商则尤贵，守则勿失。"这里讲的实际上就是商业伦理。大致来看，明清商业书所记当时商人的商业伦理观念主要有以下几个方面：

首先，在义利关系问题上，要求商人重信义，不刻剥，强调君子之财，取之有道。

从明代程春宇的《士商类要》、李留德的《客商一览醒迷》，到清中期吴中孚的《商贾便览》、王秉元的《生意世事初阶》，再到清末杨树棠的《杂货便览》等商书，这些要求一直是一脉相承的。

明李留德的《客商一览醒迷·警世歌》中再三强调财富"来之无当，去之甚速"。他说："钱财物业，来之有道，义所当得者，必安享永远。若剥削贫穷，蒙昧良善，智术巧取，贪嗜非义，虽得之，亦守之不坚。非产败，儿必遭横祸，人命火盗，概不可测。"他还强调"自古富从宽厚得"，商人也不能违背天理良心，若是"剥刻人财授子孙，是遗冤孽与他们"。

　　清吴中孚《商贾便览·江湖必读原书》在《客商一览醒迷》论述的基础上提出"厚利非我利，轻财是吾财"，主张"经营贸易及放私债，惟以二三分利息，此为平常悠久。若希图七八分利者，偶值则可，难以为恒，倘或以此存心，每每如是，必至倾覆，我本亦为天所夺矣"。《商贾便览·工商切要》开篇即强调："习商贾者，其仁、义、礼、智、信皆当教之焉，则长成，自然生财有道矣。苟不教焉，而又纵之，其性必改，其心则不可问矣。虽能生财，断无从道而来，君子不足尚也。"

　　商书还强调要合理对待财富，要扶弱济贫，乐善好施，不能为富不仁。商书鼓励商人多行善事，提倡"富以能施为德"，主张"凡遇人有急难之处，宜行方便，以积阴功"，认为"吝己不好施与者，其性多贪，所入亦狭，常恨不足。大度广布博济者，其心多仁，所处亦宽，必自有来"。商书中不时可见"救困扶危存博济，莫因倾倒共推人"或"轻炎拒势，谓之正人；济弱扶倾，方为杰士"之类的告诫，警告商人不要趋炎附势，称"权利之途，人争趋赴。彼轻躁不识保身家者，见人富贵势要，必求亲炙而依倚之，或假势以凌人，或梯头而进步，务为目前之计，不复将燃之虑。直权败势倾，祸害波及，身无所寄矣"。

　　其次，在商人的职业道德和道德规范方面，商书多强调

艰苦创业，节俭为本。《士商类要》《客商一览醒迷》及《商贾便览》均直言"富从勤得，贫系懒招"。商人的"勤"主要指对治生之业的不懈追求与经营中的兢兢业业。商贾唯有勤于治生，才能致富。在以"勤"致富的前提下，商人还要以"俭"保富，要节俭经营中的开支，量入为出。《士商类要·贸易赋》中称"贸易之道，勤俭为先，谨言为本"。《士商类要·立身持己》强调勤俭"为治家之本"，提出"为士者勤则事业成，为农者勤则衣食足，为工者勤则手艺精，为商者勤则财利富"。《客商一览醒迷·警世歌》亦强调"财物必由勤苦而后得，得之必节俭而后丰"。《商贾便览·江湖必读原书》亦言："若谓贫富，各有天定，岂有坐可致富，懒可保贫哉？""吾衣食丰足，未必不由勤俭而得。观彼懒惰之人，游手好闲，不务生理，既无天坠之食，又无地产之衣，若不饥寒，吾不信矣。"

中国传统伦理提倡的信用为本的诚信观亦颇受重视。明清商书反复强调商业运作不仅要公平交易，光明正大，而且要诚实无欺，重诺守信。《士商类要》《客商一览醒迷》和《商贾便览》等均提及双方买卖交易时，"好歹莫瞒牙侩，交易要自酌量""货之精粗，实告经纪，使彼裁夺售卖，若昧而不言，希图侥幸，恐自误也"。至于"买卖既已成交，又云价贱不卖，希望主家损用增补，此非公平正大人也"。

商书提倡商品质量与价格的合理，并且将商人在交易时的口不二价视为公平正大的君子风范。

再次，在商人的职业素养和个人自律方面，商书中也多有论述。

商人的职业素养是依据商业伦理的基本理念和经营中需要的智巧，对商人自身在素养方面提出的一种要求。《士商类要·贸易赋》中提出了商贾必备的三大要素，即"有眼力者，识人识物；有口才者，辨是辨非。有心智者，知成知败"。该书还有一篇《客商规略》，是有关商业经营规范的专篇，概述了客商应有的心理素质、经商的基本原则与要求。它告诫从商者，经商不是简单的买卖，要在竞争激烈的商海中取胜，必须提高自身的业务素质，熟悉相关的商品知识。在进行具体的商品买卖时，更要注意丰富信息来源，要注意根据季节的变化，了解商品行情，懂得基本的行情知识：

如贩粮食，要察天时。既走江湖，须知丰歉。水田最喜秋干，旱地却嫌秋水。上江地方，春播种而夏收成。江北江南，夏播种而秋收割。若逢旱涝，荒歉之源。冬月凝寒，暮春风雨，菜子有伤。残夏初秋，狂风苦雨，花麻定损。小满前后风雨，白腊不收。立夏之后

雨多，蚕丝有损。春后严寒风霜，桐油定贵。端午晴明雾露，梧子必多。北地麦收三月雨，南方麦熟要天晴。水荒尤可，大旱难当。荒年艺物贱，丰岁米粮迟。黑稻种可备水荒，荞麦种可防夏旱。堆垛粮食，须在收割之时，换买布匹，莫向农忙之际。

要掌握农业生产知识、市场信息和变化规律，审时度势，灵活经营。只有准确把握商品和市场行情，才能在激烈的商业竞争中获得利润，从而立于不败之地。

进行商品交易时，要善于把握机会，正确判断，关键时刻更应果断做出决断，"决断不可狐疑，凡货贱极者，终须转贵；快极者，决然有迟。迎头快者可买，迎头贱者可停"，对"价高者只宜疾赶，不宜久守，虽有利而不多，一跌便重。价轻者方可熬长，却宜本多，行情一起而利不少，纵折却轻"。要审时度势，把握时机，"买要随时，卖毋固执。如逢货贵，买处不可慌张。若遇行迟，脱处暂须宁耐"。"买卖莫错时光，得利就当脱手"，不应优柔寡断，患得患失。

商海风云，变幻莫测，"货有盛衰，价无常例"，稍有不慎，经营不当，便会倾家荡产，血本无归，因此商人心理素质的培养也很关键。《客商规略》特别强调从商者要有强大的心理承受力，要能够在复杂环境中保持冷静清醒的头脑，得不骄，失不馁，"得意者，志不可骄，骄则必然有失；遭跌者，气不可馁，馁则必无主张"。遇到挫折、失利的情况，要有耐心，不要慌张。做事要心中有数，不人云亦云，"买卖虽与之议论，主意实出乎自心"。这样才能在激烈的商业竞争中获得利润，从而立于不败之地。这些对从商者的基本素质要求，至今仍为人们所看重。

由于商业经营的特殊性，商人大多在财利场中应付周旋，无时不受风流场所"酒池肉林"的诱惑。因此，在个人修养方面，商书反复告诫商人要洁身自好，不能贪图奢侈生活享受。《客商一览醒迷》强调要"锐志坚持，必不堕于勾引"，应"宁甘清淡，不以利禄关心，正大光明，惟求洁白"。《商贾便览·工商切要》更是直接指出："赌、嫖二事，好者无不败家倾本，甚至丧命……二害非小，当自知之。"

有的商书还记录了对学徒德才兼重的教育，也可反映对商人职业素养的要求。清前期王秉元的《生意世事初阶》所述店铺学徒应具备的条件如下：

第一，个人品质方面，"要守规矩，受拘束"；要有礼貌，尊敬师傅和店内伙计，"不可嘴快多言好辩"，若有陌生人进店，必须使用"请教尊姓台甫，尊府何处"和"到此有何贵干"等礼貌用语与人周旋；要虚心好学，师傅"说

你，是教你成人，骂也受着，打也受着"，要逆来顺受。学徒期间定要"努力奋志，学得生意精微，世务圆通"，日后才能成为一名优秀的店员。

第二，道德素质方面，勿贪不义之财。如"扫地倘（见）失落银钱，须拾取放在账桌上，不可怀藏"。不近女色，当"女子堂客来买东西，切勿笑言戏谑，趣语流连，外人看见不像样"，而应"正言厉色，把着交易做，不可放肆"。至于生活细节，则要求勿沾烟酒。

第三，业务素质方面，要求"先学眼前一切杂事，谙练熟滑，伶俐精灵"，更要"目瞧耳听，手勤脚快，大概已定，然后用心习学戥子、银水、算盘、笔头，次之听人言谈，学人礼貌，种种法门都要用到"。至于扫地抹桌、添砚水、润笔头、端洗脸水、沏茶等，均属学徒分内之事，也要时时在意。①

从总体上看，明清时期商人的商业伦理思想大致可视为传统儒家伦理道德规范在商业领域的具体实践与应用。从第六章所述传统中国商人的经营策略看，相关道德伦理规范在明清商人的经营实践中基本得到了落实，在相关商业法规不

---

① 参见张海英：《走向大众的"计然之术"：明清时期的商书研究》，中华书局，2019，第295-315页；罗仑、范金民：《清抄本〈生意世事初阶〉述略》，《文献》1990年第2期。

够健全的传统社会中，起到了降低交易成本、维护商业交易顺利进行的积极作用。仅基于此，我们就应对儒家伦理与商业发展的关系重新做出评估，不应简单、武断地认为儒家文化阻碍了中国商业的发展及中国人商业精神的发挥。

结　语

　　人类文明是不断进步的，但不同文明体系的发展往往是不同步的，或许"各领风骚数百年"才是世界文明史的正常状态。传统中国是一个十分先进的文明体系，曾长期领先于世界其他地区。宋代以后，由于经济结构和各项制度日趋僵化，中华文明发展的脚步逐渐放缓，甚至趋于停顿。与之相反，西方这一时期通过制度创新促进了文明的发展，到 15 世纪开始走上迅速发展之路，18 世纪时逐渐超过了东方，影响一直延续至今。这次世界文明格局的重大变化不仅体现在地理区位上东西方地位的反转，更体现在文明形态上近代工商业文明（资本主义文明）对古代农业文明主导地位的取代。一般认为在这一重大变化中，工商业的成长发挥了基础性和关键性的作用。

16世纪以前，即整个前资本主义时期，亚欧大陆上各民族、各地区的经济一般都是以农为本。以农为本的根本特点是在最大限度上实行自给自足，为谋生而非为牟利，为消费而非为交换，因而必然具有闭塞性。手工业和商业同在当时整个社会经济中占绝对优势的农业相比，是末，不是本。它们的发展水平不能改变农耕世界以农为本的这一根本状态。从十五六世纪开始，首先在西欧，社会经济发生了前所未有的根本变化，资本主义开始以其新的生产力和生产关系出现在历史的地平线上。引发这一重大变化的首先是西欧封建社会后期生产力的发展、社会分工的扩大、商品生产的增长、商业的活跃和商业城镇的出现。这不仅是资本主义萌芽产生的前提，也为地理大发现提供了精神动力，奠定了物质基础。

新航路开辟以后，西欧各国开始在亚洲、非洲、美洲进行大规模的殖民掠夺，采取各种手段开展国际贸易尤其是垄断贸易和不等价交易，逐渐控制了新兴的全球贸易体系，从中发了大财，通过发达的商品流通促进了欧洲的商品生产，为资本主义的兴起和工业文明的诞生准备了充分的历史条件。

约自16世纪起，资本主义发展较早的西欧国家一反农本的传统，采取重商主义政策，借以促进海外贸易和殖民活动、鼓励资本原始积累，扶植为适应国外市场的工业生产。由农本而重商，是资本主义发展初期西欧国家在经济上的重大转变。在西欧，尤其是在英国，资产阶级推翻封建统治取得政权后，重商政策有力地促进了资本主义的发展。到18世纪中叶，英国首先发生以大机器生产和广泛采用蒸汽动力为标志的工业革命。此后，法国以及西欧其他国家继之而起，工业产量和对外贸易大幅度增长。从此，西方经过重商主义阶段实现了工业革命，摆脱了传统的农本经济，从而对固守农本的其他国家取得了决定性优势。这个优势是新涌现的工商业文明对农耕文明的优势。西方资本主义国家挟此优势向世界其他地区实行了猛烈的血与火的扩张，任何闭关的壁垒都在这个优势的冲击下失去抵制的能力，到处门户洞开，成为资本主义的国际市场、原料和劳动力供应地、投资牟利的乐园。[1]

古代中国经济和文化长期处于世界领先地位，并与其他国家和文明地区保持着密切的经济和文化往来。商业作为中国传统经济的重要组成部分，长期处于世界先进水平。发达的种茶业、丝织业和制瓷业提供了数量大、质量高的茶叶、丝绸和瓷器，长期都是古代世界贸易中的畅销商品，由此形

---

① 参见吴于廑：《世界史总序》，载吴于廑、齐世荣主编《世界史》，高等教育出版社，2011，《总序》第11-16页。

成了丝绸之路（包括陆上丝绸之路和海上丝绸之路，或称为"茶叶之路""陶瓷之路"）等国际经济文化交流的重要通道，使中国长期处于世界贸易的中心位置。

14世纪，西欧资本主义萌芽稀疏地出现于地中海沿岸的商业城市后不久，明代中国经济也出现了一些有利于资本主义因素的新变化，如：手工业技术的改进、商业尤其是长途贸易的发展、新型工商业城镇兴起、手工业中雇工生产现象增加、中外通商导致白银大量流入而成为主导货币等，于是在明中叶以后的丝织业和冶铁业中出现了资本主义性质的生产方式，如使用雇佣劳动，以追求市场利润为目的。这种新的生产方式到清前中期虽有了明显的进步，但与西欧不同，始终未能从萌芽茁壮成长为参天大树，未能给中国社会尤其是在技术和工商业领域带来革命性的进步。在西方社会迅速发展的同时，中国开始落后，并日益积贫积弱，最终于19世纪后半期在西方资本主义的侵略下一步步陷入了半殖民地的深渊，使中国人备受屈辱和苦难。从19世纪60年代开始，中国人开始了"自强"运动，试图通过移植西方的科技、工业及商业文明来保护中华文明。虽然历经艰辛曲折，但始终不悔，最终在20世纪70年代成功开始了以市场经济为政策取向的变革，在彻底终结中国传统商业的同时，真正实现了中国商业的现代化转型，在经济和社会发展领域取得了一系列历史性成就，使中华文明的复兴指日可待。

　　大约同时在农本经济基础上出现的以工商业成长为基本表现形式的资本主义萌芽，在西欧和中国遭遇了截然相反的结局，其中的原因尤其受到经历过近代深重苦难的中国人的关注。中华人民共和国成立后，学者在此问题上投入了巨大的热情，从中国传统社会的经济结构、政治体制和文化传统等各方面展开了热烈讨论，有人将之称为中国学界的"资本主义萌芽情节"。由于当时比较普遍地把资本主义和高度发达的商品经济视为一对孪生兄弟，将"资本主义萌芽"变成了商品经济、雇佣劳动、工场手工业等的代称，认为商品经济发展到一定程度必然会出现资本主义[①]，由此使得中国传统商业研究中这种"情节"尤为突出。中国商业史的研究一直受资本主义萌芽问题的制约，或者说一直被限定在资本主义发展史的框架内，无论是商业史研究的基本理论假设，还是分析中国传统商业的概念体系，抑或是评价传统商业"进步"与否的各项指标，都来自西方以分析资本主义经济为对象的经济学。本书的论述也是如此。这种使用从资本主义经济运行的经验性事实中建立起来的概念范畴来研究前资本

　　[①] 参见李伯重：《"资本主义萌芽情节"》，《读书》1996年第8期。

主义时代商业的做法，究竟是否合适值得深思。①中国学界
多年来围绕传统商业尤其是资本主义萌芽研究产生的种种争
议，与此恐怕有密切关系。

近些年来，有学者对资本主义萌芽问题从理论上进行了
深入反思，指出过去的资本主义萌芽理论有个论证前提，即
认为人类历史有共同的发展规律，商品经济发展到一定程度
必然会出现资本主义，资本主义是人类社会必经的发展阶
段，中国封建社会一定能孕育出资本主义的萌芽。实际上，
这些前提忽视了马克思主义经典作家的相关具体论述主要来
自欧洲历史的经验，并不一定适用于所有国家和文明。②马
克思自己对此也有清醒的认识。他说："一定要把我关于西
欧资本主义起源的历史概述彻底变成一般发展道路的历史哲
学理论，一切民族，不管他们所处的历史环境如何，都注定
要走这条道路……这样做，会给我过多的荣誉，同时也会给
我过多的侮辱……极为相似的事变发生在不同的历史环境中
就引起了完全不同的结果。"③这提醒我们不能机械照搬马克
思主义经典作家的某些具体论述，即"把它当作现成的公

---

① 参见刘志伟：《传统中国的经济史研究需走出形式经济学》，《清史研究》
2020年第6期。

② 参见李伯重：《"资本主义萌芽情节"》，《读书》1996年第8期。

③ 中共中央马克思恩格斯列宁斯大林著作编译局编译《马克思恩格斯全集》第
25卷，人民出版社，2001，第145页。

式，按照它来剪裁各种历史事实"，而是应当把马克思主义的基本原理和方法作为"研究历史的指南"①。越来越多的学者倾向于认为东方的、中国的历史发展道路的确有自己的特殊性，主张不能先验地认定中国历史上如同西欧一样肯定有一个"资本主义"自然发生的社会机制，然后再到历史中去"找"这个机制发生作用的年代和表现，并指定它就是"资本主义萌芽"。

中国革命和建设的成功充分证明了将马克思主义和中国实际相结合的必要性。由此，研究资本主义萌芽问题正确的思路和做法也应当是在马克思主义基本原理指导下，基于中国历史发展的实际来建构自己的话语系统，要从中国自身社会经济运行的内在特征和具体进程出发，分析其间生产力与生产关系、经济基础与上层建筑矛盾运动的全部内容，尤其是深入研究农业与手工业生产力的"革命性"增长、商品生产与商品流通的发展、雇佣劳动的演变、商人与市民阶层的形成、国内及国际市场的拓展、社会财富价值观念的变化等方面的情况，并综合分析中国社会是否以及何时出现了传统的君主专制的、以农业为基本社会产业主干的自然经济社会所无法适应的新的经济因素，以及这一因素如何克服重重困

---

① 中共中央马克思恩格斯列宁斯大林著作编译局编译《马克思恩格斯选集》第4卷，人民出版社，2012，第595页。

厄而艰难成长起来的。如果能够对这一过程给出一个较为明晰的答案，那么，我们对中国传统商业肯定会有令人耳目一新的更深刻的认识，从而为认识中国独特的发展道路或发展模式有所助益。至于相关现象是否应该被称为"资本主义萌芽"或是什么其他的名目，或者说中国与西欧相比，"资本主义"的萌生谁是"特例"，谁是"常轨"，在已能平视世界的今天，实际上已不再重要了。①

---

　　① 参见何晓明：《世界眼光与本土特色：中国资本主义萌芽研究》，河南大学出版社，2010，第257—258页。

参考文献

［1］晁中辰.明代海外贸易研究［M］.北京：故宫出版社，2012.

［2］陈尚胜.闭关与开放：中国封建晚期对外关系研究［M］.济南：山东人民出版社，1993.

［3］郭蕴静，王兆祥，刘文智.明清商人社会［M］.太原：山西古籍出版社，2001.

［4］姜锡东.宋代商业信用研究［M］.石家庄：河北教育出版社，1993.

［5］冷鹏飞.中国古代社会商品经济形态研究［M］.北京：中华书局，2002.

［6］林文勋.唐宋社会变革论纲［M］.北京：人民出版社，2011.

［7］刘佛丁，李一翔，张东刚，王玉茹.中华文化通志·工商制度志［M］.上海：上海人民出版社，1998.

［8］刘秋根.中国古代合伙制初探［M］.北京：人民出版社，2007.

［9］龙登高.中国传统市场发展史［M］.北京：人民出版社，1997.

［10］彭信威.中国货币史［M］.上海：上海人民出版社，2007.

［11］齐涛.中国古代经济史［M］.济南：山东大学出版社，2016.

［12］谭景玉.齐鲁商贾传统·魏晋隋唐宋元卷［M］.济南：齐鲁书社，2014.

［13］谭景玉，胡广洲.齐鲁商贾传统·明清卷［M］.济南：齐鲁书社，2014.

［14］唐力行.商人与中国近世社会：修订本［M］.北京：商务印书馆，2006.

［15］汪敬虞.中国近代经济史：1895—1927［M］.北京：经济管理出版社，2007.

［16］吴承明.吴承明全集［M］.北京：社会科学文献出版社，2018.

［17］吴慧.中国商业通史：第1～5卷［M］.北京：中国财政经济出版社，2004—2008.

［18］吴松弟.中国近代经济地理：第1卷［M］.上海：华

东师范大学出版社, 2015.

[19] 许涤新, 吴承明. 中国资本主义发展史: 第 1 卷 [M]. 北京: 人民出版社, 1985.

[20] 张海鹏, 王廷元. 徽商研究 [M]. 北京: 人民出版社, 2010.

[21] 张海鹏, 张海瀛. 中国十大商帮 [M]. 合肥: 黄山书社, 1993.

[22] 张海英. 走向大众的"计然之术": 明清时期的商书研究 [M]. 北京: 中华书局, 2019.

[23] 张明富. 明清商人文化研究 [M]. 重庆: 西南师范大学出版社, 1998.

[24] 张正明. 晋商兴衰史 [M]. 太原: 山西古籍出版社, 1995.

[25] 张忠民. 前近代中国社会的商人资本与社会再生产 [M]. 上海: 上海社会科学院出版社, 1996.

[26] 张忠民. 艰难的变迁: 近代中国公司制度研究 [M]. 上海: 上海社会科学院出版社, 2002.

[27] 赵靖. 中国经济思想通史: 修订本 [M]. 北京: 北京大学出版社, 2002.

[28] 《中国经济史》编写组. 中国经济史 [M]. 北京: 高等教育出版社, 2019.

［29］周晓光，李琳琦.徽商与经营文化［M］.上海：世界图书出版公司，1998.

［30］朱寰.工业文明兴起的新视野：亚欧诸国由中古向近代过渡比较研究［M］.北京：商务印书馆，2015.